Heidelberger Katechismus

Revidierte Ausgabe 1997

2. Auflage 2001

Herausgegeben von der
Evangelisch-reformierten Kirche (Synode ev.-ref.
Kirchen in Bayern und Nordwestdeutschland),
von der Lippischen Landeskirche
und vom Reformierten Bund

© 1997 – 2. Auflage 2001 Neukirchener Verlag
Verlagsgesellschaft des Erziehungsvereins mbH, Neukirchen-Vluyn
Alle Rechte vorbehalten
Umschlaggestaltung: Hartmut Namislow
Gesamtherstellung: Breklumer Druckerei Manfred Siegel KG
Printed in Germany
ISBN 3-7887-1570-7

Die Deutsche Bibliothek – CIP-Einheitsaufnahme

Der Heidelberger Katechismus / hrsg. von der Evangelisch -Reformierten Kirche
(Synode ev.-ref. Kirchen in Bayern und Nordwestdeutschland) ... –
Rev. Ausg., 2. Aufl. – Neukirchen-Vluyn: Neukirchener Verl., 2001
  ISBN 3-7887-1570-7

Vorwort

Nach der grundlegenden Revision der Textform des Heidelberger Katechismus aus Anlaß seines 400jährigen Jubiläums 1963 (Jubiläumsausgabe) ist die nun vorliegende Textfassung ein weiterer Versuch, den Heidelberger Katechismus in einer gewandelten Sprach- und Vorstellungswelt erneut zu Gehör zu bringen. Die Synoden der Evangelisch-reformierten Kirche (Synode ev.-ref. Kirchen in Bayern und Nordwestdeutschland) und der Lippischen Landeskirche haben den vorliegenden Text gebilligt und für die Gemeinden zum Gebrauch freigegeben.

Mehrere Gremien des Reformierten Bundes und der beiden dem reformierten Erbe besonders verpflichteten deutschen Landeskirchen haben an der vorliegenden Bearbeitung mitgewirkt. Sie mußten einen gangbaren Weg zwischen gegenläufigen Erwartungen finden. Zum einen gab es Wünsche und Bestrebungen, den Inhalt der 129 Fragen und Antworten sprachlich so aufzuarbeiten, daß sie in der Gegenwart unmittelbar verständlich sind. Dieser Versuch war ähnlich schon unternommen worden in der sogenannten »Jugendausgabe« des Heidelberger Katechismus (1961) und der »Schweizer« Ausgabe von Christian Keller (1983). Der Preis für eine solche Revision ist hoch: Sprachduktus und Sprachmelodie der ursprünglichen Fassung gehen unweigerlich verloren, und auch der theologische Gehalt kann oft nicht bewahrt werden.

Aber auch das Bestreben, möglichst nah am unveränderten Wortlaut des Katechismus zu bleiben, kann den auf der Hand liegenden Notwendigkeiten einer Revision nicht gerecht werden. Insgesamt hat sich also bei der Revision die Devise durchgesetzt: So nah am ursprünglichen Text wie möglich und so frei wie eben nötig

zu formulieren. Bei manchen besonders wichtigen Fragen und Antworten wurden sowohl die Fassung der Jubiläumsausgabe als auch
die revidierte Fassung von 1997 nebeneinander abgedruckt, damit
auch solche Texte nicht dem Vergessen anheim fallen, die besonders in der Frömmigkeitsgeschichte bis in die deutsche Literatur
sachlich und sprachlich gewirkt haben.

Wie der Heidelberger Katechismus vor 450 Jahren entstand, wer
ihn verfaßt hat, wie und wann er in den Kirchen und Gemeinden
Anerkennung fand: darüber berichtet unter der Überschrift » Zur
Geschichte des Katechismus« J. F. Gerhard Goeters im Anschluß
an den Text des »Heidelbergers« (ab S. 83).

Über die Jahrhunderte hinweg hat sich dieser Katechismus bewährt
als ein Buch, das in seelsorgerlicher Klarheit, in biblischer Nüch-
ternheit und in systematischer Kraft zum Leben im Glauben hilft.
Auch in Zukunft wird er in Gottesdiensten und Gemeindeveran-
staltungen, im Unterricht und im persönlichen Studium gehört und
bedacht werden. Möge er dazu beitragen, daß Menschen »herzliche
Freude an Gott und Lust und Liebe haben, nach dem Willen Gottes
in allen guten Werken zu leben«!

Wuppertal, Leer und Detmold, im Frühjahr 1997

Peter Bukowski
Moderator des Reformierten Bundes
Walter Herrenbrück
Landessuperintendent der Ev.-ref. Kirche
Gerrit Noltensmeier
Landessuperintendent der Lippischen Landeskirche

Heidelberger Katechismus

**Was ist dein einziger Trost im Leben
und im Sterben?**

Daß ich mit Leib und Seele
im Leben und im Sterben nicht mir,   Röm 14, 8
sondern meinem getreuen Heiland   1. Kor 6, 19
Jesus Christus gehöre.   1. Kor 3, 23

Er hat mit seinem teuren Blut   1. Petr 1, 18.19
für alle meine Sünden vollkommen bezahlt   1. Joh 1, 7; 2, 2
und mich aus aller Gewalt des Teufels erlöst;   1. Joh 3, 8
und er bewahrt mich so,   Joh 6, 39
daß ohne den Willen meines Vaters im Himmel   Mt 10, 29-31
kein Haar von meinem Haupt kann fallen,   Lk 21, 18
ja, daß mir alles zu meiner Seligkeit dienen muß.   Röm 8, 28

Darum macht er mich auch   2. Kor 1, 21.22
durch seinen Heiligen Geist
des ewigen Lebens gewiß   Eph 1, 13.14
und von Herzen willig und bereit,   Röm 8, 15.16
ihm forthin zu leben.

Ältere Fassung:

Was ist dein einiger Trost im Leben und im Sterben?

Daß ich mit Leib und Seele,
beides, im Leben und im Sterben,
nicht mein, sondern meines getreuen
Heilands Jesu Christi eigen bin,

der mit seinem teuren Blut
für alle meine Sünden vollkömmlich bezahlt
und mich aus aller Gewalt des Teufels
erlöst hat und also bewahrt,
daß ohne den Willen meines Vaters im Himmel
kein Haar von meinem Haupt kann fallen,
ja auch mir alles zu meiner Seligkeit dienen muß.

Darum er mich auch durch seinen
Heiligen Geist
des ewigen Lebens versichert
und ihm forthin zu leben
von Herzen willig und bereit macht.

Was mußt du wissen,
damit du in diesem Trost
selig leben und sterben kannst?

Frage 2

Lk 24, 46.47
1. Kor 6, 11

Erstens:
Wie groß meine Sünde und Elend ist.

Tit 3, 3-7
Joh 9, 41; 15, 22

Zweitens:
Wie ich von allen meinen Sünden und Elend
erlöst werde.

Joh 17, 3

Drittens:
Wie ich Gott für solche Erlösung
soll dankbar sein.

Eph 5, 8-11
1. Petr 2, 9-12
Röm 6, 11-14

Der erste Teil

Von des Menschen Elend

2. Sonntag

Frage 3

Woher erkennst du dein Elend?

Röm 3, 20

Aus dem Gesetz Gottes.

Frage 4

Was fordert denn Gottes Gesetz von uns?

Dies lehrt uns Christus mit
folgenden Worten:

Mt 22, 37-40
Mk 12, 30.31
Lk 10, 27

»Du sollst den HERRN, deinen Gott,
lieben von ganzem Herzen,
von ganzer Seele
und von ganzem Gemüt.

Dies ist das höchste und größte Gebot.

Das andere aber ist dem gleich:
Du sollst deinen Nächsten lieben
wie dich selbst.

In diesen beiden Geboten
hängt das ganze Gesetz und die Propheten.«

Kannst du das alles vollkommen halten? Frage 5

Nein,
denn ich bin von Natur aus geneigt,
Gott und meinen Nächsten zu hassen.

Röm 3, 10-12.23
1. Joh 1, 8.10
Röm 8, 7
Eph 2, 3

3. Sonntag

**Hat denn Gott den Menschen so böse und
verkehrt erschaffen?** Frage 6

Nein. 1. Mose 1, 31
Gott hat den Menschen gut
und nach seinem Ebenbild erschaffen,
das bedeutet: 1. Mose 1, 26.27
wahrhaft gerecht und heilig,
damit er Gott, seinen Schöpfer,
recht erkenne,
von Herzen liebe
und in ewiger Seligkeit mit ihm lebe, 2. Kor, 3, 18
ihn zu loben und zu preisen.

Kol 3, 10
Eph 4, 24

**Woher kommt denn diese böse und
verkehrte Art des Menschen?** Frage 7

Aus dem Fall und Ungehorsam
unserer ersten Eltern Adam und Eva 1. Mose 3
im Paradies. Röm 5, 12.18.19
Da ist unsere Natur so vergiftet worden,
daß wir alle von Anfang an Sünder sind. Ps 51, 7

Frage 8	**Sind wir aber so böse und verkehrt, daß wir ganz und gar unfähig sind zu irgendeinem Guten und geneigt zu allem Bösen?**

Joh 3, 6; 1.Mose 6, 5
Hiob 14, 4; 15, 14; 16, 35
Jes 53, 6

Joh 3, 5

Ja,
es sei denn,
daß wir durch den Geist Gottes
wiedergeboren werden.

4. Sonntag

Frage 9	**Tut denn Gott dem Menschen nicht Unrecht, wenn er in seinem Gesetz etwas fordert, was der Mensch nicht tun kann?**

Eph 4, 24

Röm 5, 12

Nein,
sondern Gott hat den Menschen so
erschaffen,
daß er es tun konnte.
Der Mensch aber, vom Teufel angestiftet,
hat sich und alle seine Nachkommen
durch mutwilligen Ungehorsam
der Gabe Gottes beraubt.

Will Gott diesen Ungehorsam ungestraft lassen?

Frage 10

Nein,
sondern er zürnt schrecklich
über die sündige Art des Menschen
und seine sündigen Taten.
Beides will er nach seinem gerechten Urteil
schon jetzt und ewig strafen,
wie er gesprochen hat:

Röm 5, 12
Hebr 9, 27

»Verflucht sei jeder,
der nicht bleibt bei alledem,
was geschrieben steht in dem Buch des Gesetzes,
daß er's tue!«

5. Mose 27, 26
Gal 3, 10

Ist denn Gott nicht auch barmherzig?

Frage 11

Gott ist wohl barmherzig,
er ist aber auch gerecht.
Deshalb fordert seine Gerechtigkeit,
daß die Sünde,
die Gottes Ehre und Hoheit antastet,
mit der höchsten,
nämlich der ewigen Strafe
an Leib und Seele gestraft wird.

2. Mose 34, 6 – 7
2. Mose 20, 5; Ps 5, 5.6
2. Kor. 6, 14-16

Der zweite Teil

Von des Menschen Erlösung

5. Sonntag

Frage 12

**Wenn wir also nach dem
gerechten Urteil Gottes
schon jetzt und ewig Strafe verdient haben,
wie können wir dieser Strafe entgehen
und wieder Gottes Gnade erlangen?**

2. Mose 20, 5; 23, 7

Gott will zu seinem Recht kommen,
darum müssen wir für unsere Schuld
entweder selbst

Röm 8, 3.4

oder durch einen anderen
vollkommen bezahlen.

Frage 13

**Können wir aber selbst
für unsere Schuld bezahlen?**

Hiob 9, 2.3; 15, 15.16
Mt 6,12

Nein,
sondern wir machen sogar
die Schuld noch täglich größer.

Kann aber irgendein Geschöpf   Frage 14
für uns bezahlen?

Nein,
denn erstens will Gott
an keinem anderen Geschöpf strafen,   Hebr 2, 14-18
was der Mensch verschuldet hat.
Zweitens kann kein Geschöpf
die Last des ewigen Zornes Gottes
gegen die Sünde ertragen
und andere davon erlösen.   Ps 130, 3

Was für einen Mittler und Erlöser   Frage 15
müssen wir denn suchen?

Einen solchen,   1. Kor 15, 21-22.25-26
der ein wahrer und gerechter Mensch   Jer 33, 16; Jes 53, 11
und doch stärker als alle Geschöpfe,   2. Kor 5, 21; Hebr 7,15–17
also auch wahrer Gott ist.   Jes 7, 14; Röm 9, 5
       Jer 23, 6

6. Sonntag

Warum muß er ein wahrer und gerechter   Frage 16
Mensch sein?

Die Sünde wird von den Menschen begangen,   Röm 5, 12.15
darum verlangt Gottes Gerechtigkeit,
daß ein Mensch für die Sünde bezahlt;
wer aber selbst ein Sünder ist,   1. Petr. 3, 18
kann nicht für andere bezahlen.   Jes 53, 3-5

Frage 17

Warum muß er zugleich wahrer Gott sein?

Jes 53,8
Apg 2, 24
1. Petr 3, 18

Joh 3, 16; Apg 20, 28
1. Joh 1, 2

Nur wenn er zugleich wahrer Gott ist,
kann ein Mensch
die Last des Zornes Gottes ertragen
und uns die Gerechtigkeit und das Leben
erwerben und wiedergeben.

Frage 18

**Wer ist denn dieser Mittler,
der zugleich wahrer Gott
und ein wahrer, gerechter Mensch ist?**

Mt 1, 23
Lk 2, 11
1. Tim 3, 16

1. Kor 1, 30

Unser Herr Jesus Christus,
der uns
zur vollkommenen Erlösung und Gerechtigkeit
geschenkt ist.

Frage 19

Woher weißt du das?

Aus dem heiligen Evangelium.

1. Mose 3, 15

1. Mose 22,18; 49, 10.11.
Röm 1, 2; Hebr 1,1
Apg 3, 22 – 24; 10, 43

Joh 5, 46; Hebr 10, 7

Röm 10, 4; Gal 4, 4.5

Gott selbst hat es zuerst im Paradies offenbart,
dann durch die heiligen Erzväter und
Propheten
verkündigen lassen
und durch die Opfer
und andere Bräuche des Gesetzes
vorgebildet,
zuletzt aber durch seinen einzig geliebten Sohn
erfüllt.

Werden denn alle Menschen **Frage 20**
wieder durch Christus gerettet,
so wie sie durch Adam verloren
gegangen sind?

Nein,
sondern nur diejenigen,
die durch wahren Glauben   Joh 1, 12.13
seinem Leib als Glieder eingefügt werden   Jes 53, 11; Ps 2, 12
                                                                      Röm 11, 20
und alle seine Wohltaten annehmen.   Hebr 4, 2-3; 10, 39

Was ist wahrer Glaube? **Frage 21**

Wahrer Glaube ist nicht allein
eine zuverlässige Erkenntnis,
durch welche ich alles für wahr halte,
was uns Gott in seinem Wort geoffenbart hat,   Jak 1, 6
sondern auch ein herzliches Vertrauen,   Röm 4, 16-18; 5, 1
welches der Heilige Geist   2. Kor 4, 13; Eph 2, 8
                                                       Mt 16, 17; Phil 1, 19-20
durchs Evangelium in mir wirkt,   Röm 1, 16; 10, 17
daß nicht allein anderen,
sondern auch mir
Vergebung der Sünden,
ewige Gerechtigkeit und Seligkeit
von Gott geschenkt ist,   Hebr 11,1-2; Röm 1,17
aus lauter Gnade,   Eph 2, 7-9
allein um des Verdienstes Christi willen.   Röm 3,24-25; Gal 2,16

Frage 22

Was ist für einen Christen notwendig zu glauben?

Joh 20, 31; Mt 28, 20 Alles, was uns im Evangelium zugesagt wird, wie es uns unser allgemeines, wahrhaftiges, christliches Glaubensbekenntnis zusammengefaßt lehrt.

Frage 23

Wie lautet dieses Glaubensbekenntnis?

Ökumenische Fassung:

Ich glaube an Gott, den Vater,
den Allmächtigen,
den Schöpfer des Himmels und der Erde,

und an Jesus Christus,
seinen eingeborenen Sohn, unsern Herrn,
empfangen durch den Heiligen Geist,
geboren von der Jungfrau Maria,
gelitten unter Pontius Pilatus,
gekreuzigt, gestorben und begraben,
hinabgestiegen in das Reich des Todes,
am dritten Tage auferstanden von den Toten,
aufgefahren in den Himmel;
er sitzt zur Rechten Gottes,
des allmächtigen Vaters;
von dort wird er kommen,
zu richten die Lebenden und die Toten.

Ich glaube an den Heiligen Geist,
die heilige allgemeine christliche Kirche,
Gemeinschaft der Heiligen,
Vergebung der Sünden,
Auferstehung der Toten
und das ewige Leben.

Die Erklärungen des Heidelberger Katechismus
folgen einer älteren Fassung des Glaubensbekenntnisses:

Ich glaube an Gott Vater,
den Allmächtigen,
Schöpfer Himmels und der Erden.

Und an Jesus Christus,
seinen eingeborenen Sohn,
unseren Herrn,
der empfangen ist von dem Heiligen Geist,
geboren aus Maria der Jungfrau,
gelitten unter Pontius Pilatus,
gekreuzigt, gestorben und begraben,
abgestiegen zu der Hölle,
am dritten Tage wieder auferstanden
von den Toten,
aufgefahren gen Himmel,
sitzet zu der Rechten Gottes,
des allmächtigen Vaters,
von dannen er kommen wird,
zu richten die Lebendigen und die Toten.

Ich glaube an den Heiligen Geist,
eine heilige allgemeine christliche Kirche,
die Gemeinschaft der Heiligen,
Vergebung der Sünden,
Auferstehung des Fleisches
und ein ewiges Leben.

8. Sonntag

Frage 24

Wie wird das Glaubensbekenntnis eingeteilt?

In drei Teile:

der erste handelt von Gott dem Vater
und unserer Erschaffung;

der zweite von Gott dem Sohn
und unserer Erlösung;

der dritte von Gott dem Heiligen Geist
und unserer Heiligung.

Frage 25
5. Mose 6, 4

Warum nennst du denn drei: den Vater, den Sohn und den Heiligen Geist, wo doch Gott nur einer ist?

Jes 61,1; Ps 110, 1
Mt 3, 16-17; 28, 19
1. Joh 5, 7

Weil Gott sich in seinem Wort so offenbart hat,
daß diese drei Personen unterschieden
und doch der eine, wahre und ewige Gott sind.

Von Gott dem Vater

Was glaubst du, wenn du sprichst: Frage 26
»Ich glaube an Gott, den Vater,
den Allmächtigen,
den Schöpfer Himmels und der Erde«?

Ich glaube,
daß der ewige Vater
unsers Herrn Jesus Christus
um seines Sohnes willen   Gal 4, 5-7; Eph 1, 5
mein Gott und mein Vater ist.   Joh 1, 12; Röm 8, 15
Er hat Himmel und Erde
mit allem, was darin ist,
aus nichts erschaffen   1. Mose 1; Ps 33, 6
und erhält und regiert sie noch immer   Ps 104, 2-5; Mt 10, 29-30
durch seinen ewigen Rat und seine Vorsehung.   Hebr 1, 3; Ps 115, 3
Auf ihn vertraue ich und zweifle nicht,   Ps 55, 23; Mt 6, 25-26
daß er mich mit allem versorgt,   Lk 12, 22-24
was ich für Leib und Seele nötig habe,
und auch alle Lasten,
die er mir in diesem Leben auferlegt,
mir zum Besten wendet.   Röm 8, 28
Er kann es tun als ein allmächtiger Gott   Röm 10, 12
und will es auch tun als ein getreuer Vater.   Mt 6, 26; 7, 9-11

10. Sonntag

Frage 27
Apg 17, 25-28

**Was verstehst du
unter der Vorsehung Gottes?**

Die allmächtige und gegenwärtige Kraft Gottes,
durch die er Himmel und Erde
Hebr 1, 2-3
mit allen Geschöpfen
wie durch seine Hand
noch erhält und so regiert,
daß Laub und Gras,
Jer 5, 24; Apg 14, 17
Regen und Dürre,
Joh 9, 3
fruchtbare und unfruchtbare Jahre,
Spr 22, 2
Essen und Trinken,
Gesundheit und Krankheit,
Reichtum und Armut
und alles andere
uns nicht durch Zufall,
sondern aus seiner väterlichen Hand
zukommt.

Frage 28

**Was nützt uns die Erkenntnis der
Schöpfung und Vorsehung Gottes?**

Gott will damit,
Röm 5, 3; Jak 1, 3
daß wir in aller Widerwärtigkeit geduldig,
Hiob 1, 21; 5. Mose 8, 10
1. Thess 5, 18
in Glückseligkeit dankbar
und auf die Zukunft hin voller Vertrauen
zu unserem treuen Gott und Vater sind,
daß uns nichts

Heidelberger Katechismus

von seiner Liebe scheiden wird, Röm 8, 38-39
weil alle Geschöpfe so in seiner Hand sind,
daß sie sich ohne seinen Willen Hiob 1, 12
weder regen noch bewegen können. Apg 17, 25-28
Spr 21, 1

Von Gott dem Sohn

11. Sonntag

Warum wird der Sohn Gottes Jesus, Frage 29
das heißt »Heiland«, genannt?

Weil er uns heilt von unseren Sünden, Mt 1, 21; Hebr 7, 25
und weil bei keinem anderen
ein solches Heil Apg 4, 12
zu suchen noch zu finden ist.

Glauben denn auch die Frage 30
an den einzigen Heiland Jesus,
die Heil und Seligkeit
bei den Heiligen,
bei sich selbst
oder anderswo suchen?

Nein.
Sie rühmen sich zwar seiner mit Worten, 1. Kor 1, 13.30-31
verleugnen ihn aber mit der Tat. Gal 5, 4
Denn entweder ist Jesus

kein vollkommener Heiland,

oder er ist denen,

die ihn mit wahrem Glauben annehmen,

Jes 9, 5
Kol 1, 19-20; 2, 10   alles,
Joh 1, 16   was zu ihrer Seligkeit nötig ist.

12. Sonntag

Frage 31   **Warum wird er Christus,
                  das heißt »Gesalbter« genannt?**

                  Er ist von Gott dem Vater eingesetzt
Hebr 1, 9   und mit dem Heiligen Geist gesalbt
5. Mose 18, 15; Apg 3, 22   zu unserem obersten Propheten und Lehrer,
                  der uns Gottes verborgenen Rat und Willen
                  von unserer Erlösung
Joh 1, 18; 15, 15   vollkommen offenbart;
                  und zu unserem einzigen Hohenpriester,
Ps 110, 4; Hebr 7, 21   der uns mit dem einmaligen Opfer seines Leibes
                  erlöst hat
Röm 8, 34; 5, 9-10   und uns alle Zeit mit seiner Fürbitte
                  vor dem Vater vertritt;
                  und zu unserem ewigen König,
                  der uns mit seinem Wort und Geist regiert
Ps 2, 6; Lk 1, 33; Mt 28, 18   und bei der erworbenen Erlösung
                  schützt und erhält.

Warum wirst aber du ein Christ genannt?

Frage 32

Weil ich durch den Glauben
ein Glied Christi bin
und dadurch an seiner Salbung Anteil habe,
damit auch ich seinen Namen bekenne,
mich ihm
zu einem lebendigen Dankopfer hingebe
und mit freiem Gewissen
in diesem Leben
gegen die Sünde und den Teufel streite
und hernach in Ewigkeit
mit ihm über alle Geschöpfe herrsche.

Apg 2, 17; 11, 26
1. Joh 2, 27

Joel 3, 1

Mk 8, 38

Röm 12, 1; Offb 5, 8.10
1. Petr 2, 9; Offb 1, 6

1. Tim 1, 18.19

2. Tim 2, 12

13. Sonntag

Warum heißt Jesus Christus »Gottes eingeborener Sohn«, da doch auch wir Kinder Gottes sind?

Frage 33

Christus allein ist von Ewigkeit her
seinem Wesen nach der Sohn Gottes.
Wir aber sind um seinetwillen aus Gnade
als Kinder Gottes angenommen.

Joh 1, 14.18; Hebr 1, 2

Röm 8, 15-17
Eph 1, 5-6

Frage 34

Warum nennst du ihn »unseren Herrn«?

1. Petr 1, 18-19; 2, 9
1. Kor 6, 20; 7, 23

Er hat uns mit Leib und Seele
von der Sünde und aus aller Gewalt des Teufels
sich zum Eigentum erlöst und erkauft,
nicht mit Gold oder Silber,
sondern mit seinem teuren Blut,
indem er sein Leben für uns gab.

14. Sonntag

Frage 35

**Was bedeutet:
»Empfangen durch den heiligen Geist,
geboren von der Jungfrau Maria«?**

Joh 1,1; Röm 1, 3-4; 9, 5
Mt 1, 18-20; Lk 1, 35

Gal 4, 4; Joh 1, 14

Ps 132, 11; Röm 1, 3
Phil 2, 7; Hebr 4, 15

Der ewige Sohn Gottes,
der wahrer und ewiger Gott ist und bleibt,
hat durch Wirkung des Heiligen Geistes
wahre menschliche Natur
aus dem Fleisch und Blut der Jungfrau Maria
angenommen,
so daß er auch
der wahre Nachkomme Davids ist,
seinen Schwestern und Brüdern in allem gleich,
doch ohne Sünde.

Was nützt es dir,
daß er durch den Heiligen Geist empfangen
und von der Jungfrau Maria geboren ist?

Frage 36

Er ist unser Mittler,
und er bedeckt vor Gottes Angesicht
mit seiner Unschuld
und vollkommenen Heiligkeit
meine Sünde, in der ich immer schon lebe.

Hebr 2, 16-17
Ps 32, 1-2; 1. Kor 1, 30

15. Sonntag

Was verstehst du unter dem Wort »gelit-
ten«?

Frage 37

Jesus Christus hat an Leib und Seele
die ganze Zeit seines Lebens auf Erden,
besonders aber an dessen Ende,
den Zorn Gottes
über die Sünde des ganzen
Menschengeschlechts getragen.
Mit seinem Leiden
als dem einmaligen Sühnopfer
hat er unseren Leib und unsere Seele
von der ewigen Verdammnis erlöst
und uns Gottes Gnade,
Gerechtigkeit und ewiges Leben
erworben.

1. Petr 2, 24
Jes 53, 12
1. Joh 2, 2; 4, 10
Röm 3, 25-26

| Frage 38 | **Warum hat er unter dem Richter Pontius Pilatus gelitten?** |

Apg 4, 27-28
Lk 23, 13-15; Joh 19,4

Er wurde unschuldig
vom weltlichen Richter verurteilt
und hat uns dadurch
von Gottes strengem Urteil,

Ps 69, 5; Jes 53, 4-5
2. Kor 5, 1; Gal 3, 13

das über uns ergehen sollte,
befreit.

| Frage 39 | **Bedeutet sein Tod am Kreuz mehr, als wenn er eines anderen Todes gestorben wäre?** |

Ja,
denn dadurch bin ich gewiß,
daß er den Fluch, der auf mir lag,

Gal 3, 13-14
5. Mose 21, 23

auf sich genommen hat,
weil der Tod am Kreuz von Gott verflucht war.

16. Sonntag

| Frage 40 | **Warum hat Christus den Tod erleiden müssen?** |

1. Mose 2, 17

Um der Gerechtigkeit
und Wahrheit Gottes willen
konnte für unsere Sünde
nicht anders bezahlt werden

Hebr 2, 9.14-15

als durch den Tod des Sohnes Gottes.

Heidelberger Katechismus

Warum ist er begraben worden?

Frage 41

Damit wird bezeugt,
daß er wirklich gestorben ist.

Mt 27, 59-60; Lk 23, 52-53
Joh 19, 38-42
Apg 13, 29

Warum müssen wir noch sterben, obwohl Christus für uns gestorben ist?

Frage 42

Unser Tod
ist nicht eine Bezahlung für unsere Sünde,
sondern nur ein Absterben der Sünden
und Eingang zum ewigen Leben.

Joh 5, 24; Phil 1, 23
Röm 7, 24-25

Welchen weiteren Nutzen haben wir aus Opfer und Tod Christi am Kreuz?

Frage 43

Durch die Kraft Christi wird unser alter Mensch
mit ihm gekreuzigt, getötet und begraben,
damit die Sünde uns nicht mehr beherrscht,
sondern wir uns ihm
zu einem lebendigen Dankopfer hingeben.

Kol 2, 12
Röm 6, 6-8.11.12
Röm 6, 12

Röm 12, 1

Warum folgt »abgestiegen zu der Hölle«?

Frage 44

Damit wird mir zugesagt,
daß ich selbst
in meinen schwersten Anfechtungen
gewiß sein darf,

daß mein Herr Christus
Jes 53, 10; Mt 27, 46
mich von der höllischen Angst und Pein
erlöst hat,
weil er auch an seiner Seele
unaussprechliche Angst,
Schmerzen und Schrecken
am Kreuz und schon zuvor erlitten hat.

17. Sonntag

Frage 45

Was nützt uns die Auferstehung Christi?

Erstens:
Christus hat durch seine Auferstehung
den Tod überwunden,

1. Petr 1, 3-5.21
1. Kor 15, 17. 54-55
Röm 4, 25
um uns an der Gerechtigkeit Anteil zu geben,
die er uns durch seinen Tod erworben hat.

Zweitens:
Röm 6, 4; Kol 3, 1-4
Eph 2, 5
Durch seine Kraft werden auch wir
schon jetzt erweckt zu einem neuen Leben.

Drittens:
Die Auferstehung Christi
ist uns ein verläßliches Pfand
1. Kor 15, 12
Röm 8, 11
unserer seligen Auferstehung.

Wie verstehst du, daß es heißt »aufgefahren in den Himmel«?

Frage 46

Jesus Christus wurde
vor den Augen seiner Jünger
von der Erde zum Vater in den Himmel
erhöht
und ist dort uns zugut,
bis er kommen wird,
zu richten die Lebenden und die Toten.

Mk 16, 19; Lk 24, 51
Hebr 4, 14; 7, 24-25
Röm 8, 34
Eph 4, 10; Kol 3, 1

Apg 1, 11

Mt 24, 30

Ist denn Christus nicht bei uns bis ans Ende der Welt, wie er uns verheißen hat?

Frage 47

Mt 28, 20

Christus ist wahrer Mensch und wahrer Gott.
Nach seiner menschlichen Natur
ist er jetzt nicht mehr auf der Erde,
aber nach seiner Gottheit, Majestät,
Gnade und Geist
weicht er niemals von uns.

Joh 16, 28; 17, 11
Mt 26, 11; Apg 3, 21

Joh 14, 17-20; 16, 13
Mt 28, 20; Eph 4, 8

Frage 48

**Werden aber auf diese Weise nicht
Gottheit und Menschheit in Christus
voneinander getrennt,
wenn er nach seiner menschlichen Natur
nicht überall ist,
wo er nach seiner Gottheit ist?**

Nein,
weil die Gottheit unbegreiflich

Apg 7, 49; Jer 23, 24   und überall gegenwärtig ist,
folgt daraus,
daß sie wohl außerhalb
ihrer angenommenen menschlichen Natur

Kol 2, 9; Mt 28, 6   und dennoch auch in derselben ist

Joh 3, 13; 11, 15   und in einer Person
mit ihr vereinigt bleibt.*

* Mit dem Wort »unbegreiflich« will der Katechismus nicht
sagen, daß man Gott nicht verstehen könne, sondern daß
er von keinem Raum umschlossen werden kann. Die Aus-
sage des Katechismus kann auch so formuliert werden:

    Weil Gott nach seinem Wesen
    von keinem Raum oder Körper umgrenzt wird,
    sondern überall gegenwärtig ist,
    so ergibt sich,
    daß auch Christus nach seiner Gottheit
    zugleich in seiner menschlichen Natur
    und dennoch auch außerhalb ihrer ist
    und deshalb in seiner Person zugleich
    ein wahrer und gerechter Mensch
    und wahrer Gott ist.

Was nützt uns die Himmelfahrt Christi?   Frage 49

Erstens:
Er ist im Himmel
vor dem Angesicht seines Vaters
unser Fürsprecher.   1. Joh 2, 1; Röm 8, 34

Zweitens:
Wir haben durch unseren Bruder Jesus Christus
im Himmel die Gewißheit,
daß er als das Haupt uns, seine Glieder,
auch zu sich nehmen wird.   Joh 14, 2; 20, 17
    Eph 2, 6

Drittens:
Er, sitzend zur Rechten Gottes,
sendet seinen Geist zu uns,
der uns die Kraft gibt,   Joh 14, 16; Apg 2, 33
zu suchen, was droben ist,   2. Kor 1, 21-22; 5,5
und nicht das, was auf Erden gilt.   Kol 3, 1; Phil 3, 14

Warum wird hinzugefügt   Frage 50
»er sitzt zur Rechten Gottes«?

Christus ist dazu in den Himmel erhöht worden,
daß er sich dort erweise
als das Haupt seiner Kirche,   Eph 1, 20-23; Kol 1, 18
durch das der Vater alles regiert.   Mt 28, 18; Joh 5, 22

19. Sonntag

Frage 51

**Was nützt uns
diese Herrlichkeit unseres Hauptes Christus?**

Christus teilt uns, seinen Gliedern,
durch seinen Heiligen Geist

Eph 4, 10-12   die himmlischen Gaben aus.

Joh 10, 28-30   Er schützt und erhält uns mit seiner Macht
Ps 2, 9; Eph 4, 8   gegen alle Feinde.

Frage 52

**Was tröstet dich die Wiederkunft Christi,
»zu richten die Lebenden und die Toten«?**

In aller Trübsal und Verfolgung
darf ich mit erhobenem Haupt

Lk 21, 28; Röm 8, 23-24
Phil 3, 20-21; Tit 2, 13   aus dem Himmel eben den Richter erwarten,
der sich zuvor für mich
dem Gericht Gottes gestellt
und alle Verurteilung von mir
genommen hat.
Er wird alle seine Feinde,

1. Thess 4, 16-17
2. Thess 1,6-10; Mt 25,41   die darum auch meine Feinde sind,
in die ewige Verdammnis werfen,
mich aber mit allen Auserwählten
zu sich in die himmlische Freude

Mt 25, 34   und Herrlichkeit nehmen.

Von Gott dem Heiligen Geist

20. Sonntag

Was glaubst du vom Heiligen Geist? Frage 53

Erstens:
Der Heilige Geist ist gleich ewiger Gott
mit dem Vater und dem Sohn.

1. Mose 1,2; Jes 48, 16
1. Kor 3, 16; 6, 19
Apg 5, 3-4

Zweitens:
Er ist auch mir gegeben
und gibt mir durch wahren Glauben
Anteil an Christus
und allen seinenWohltaten.
Er tröstet mich
und wird bei mir bleiben in Ewigkeit.

Mt 28, 19-20
2. Kor 1, 21-22

1. Kor 6, 17
Gal 3, 14; 1. Petr.1, 2
Apg 9, 31; Joh 14, 16
1. Petr 4, 14

21. Sonntag

**Was glaubst du
von der »heiligen allgemeinen
christlichen Kirche«?** Frage 54

Ich glaube,
daß der Sohn Gottes
aus dem ganzen Menschengeschlecht
sich eine auserwählte Gemeinde
zum ewigen Leben
durch seinen Geist und Wort

Joh 10, 11

1. Mose 26, 4

Röm 8, 29-30
Eph 1, 10-13
Jes 59, 21; Röm 1, 16
Röm 10, 14-17; Eph 5, 26

Apg 2, 46; Eph 4, 3-6
Ps 71, 18; 1. Kor 11, 26
Mt 16, 18; Joh 10, 28-30
1. Kor 1, 8-9

1. Joh 3, 31
1. Joh 2, 19
in Einigkeit des wahren Glaubens
von Anbeginn der Welt bis ans Ende
versammelt, schützt und erhält
und daß auch ich
ein lebendiges Glied dieser Gemeinde bin
und ewig bleiben werde.

Frage 55

**Was verstehst du unter der
»Gemeinschaft der Heiligen«?**

Erstens:
Alle Glaubenden haben als Glieder
1. Joh 1, 3; 1. Kor 1, 9
Röm 8, 32
Gemeinschaft an dem Herrn Christus
und an allen seinen Schätzen und Gaben.

Zweitens:
Darum soll auch jeder seine Gaben
willig und mit Freuden
1. Kor 12, 12-13. 21;
13, 5-6; Phil 2, 4-6
zum Wohl und Heil der anderen
gebrauchen.

Was glaubst du von der
»Vergebung der Sünden«?

Gott will um Christi willen
aller meiner Sünden, auch der sündigen Art,
mit der ich mein Leben lang zu kämpfen habe,
nicht mehr gedenken.
Aus Gnade schenkt er mir die
Gerechtigkeit Christi,
so daß ich nicht mehr ins Gericht kommen
werde.

1. Joh 2, 2
2. Kor 5, 19.21
Ps 103, 3.10.12; Jer 31, 34
Röm 7, 24-25; 8, 1-4

Joh 3, 18

22. Sonntag

Frage 57

Was tröstet dich
die »Auferstehung der Toten«?

Nach diesem Leben
werde ich durch die Kraft Christi
auferweckt werden
und zu Christus, meinem Herrn, kommen.
Er wird mir Anteil geben
an seiner Herrlichkeit.

Ältere Fassung:
**Was tröstet dich
die Auferstehung des Fleisches?**

Lk 23, 43; Phil 1, 21-23

Daß nicht allein meine Seele
nach diesem Leben
alsbald zu Christus, ihrem Haupt,
genommen wird,
sondern auch,
daß dies mein Fleisch,
durch die Kraft Christi auferweckt,
wieder mit meiner Seele vereinigt
und dem herrlichen Leibe Christi
gleichförmig werden soll.

1. Kor 15, 53-54
Hiob 19, 23-27
1. Joh 3, 2; Phil 3, 21

Frage 58   Was tröstet dich die Verheißung des ewigen Lebens?

2. Kor 5, 2-3

Schon jetzt empfinde ich
den Anfang der ewigen Freude
in meinem Herzen.
Nach diesem Leben aber werde ich
vollkommene Seligkeit besitzen,
die kein Auge gesehen
und kein Ohr gehört hat
und in keines Menschen Herz
je gekommen ist,
Gott ewiglich darin zu preisen.

1. Kor 2, 9
Joh 17, 3

**Was hilft es dir aber nun,
wenn du das alles glaubst?**   Frage 59

Ich bin dadurch
in Christus vor Gott gerecht   Hab 2, 4
und ein Erbe des ewigen Lebens.   Röm 1, 17; Joh 3, 36

Wie bist du gerecht vor Gott?   Frage 60

Allein durch wahren Glauben
an Jesus Christus.   Röm 3,21-25.28; Gal 2, 16;
Eph 2, 8-9; Phil 3, 9
Zwar klagt mich mein Gewissen an,
daß ich gegen alle Gebote Gottes
schwer gesündigt
und keines je gehalten habe   Röm 3, 9-20
und noch immer zu allem Bösen geneigt bin.   Röm 7, 23
Gott aber schenkt mir
ganz ohne mein Verdienst   Tit 3, 5
aus lauter Gnade   Röm 3, 24; Eph 2, 8
die vollkommene Genugtuung,   1. Joh 2, 2
Gerechtigkeit und Heiligkeit Christi.   1. Joh 2, 1
Er rechnet sie mir an,   Röm 4, 4-5; 2. Kor 5, 19
als hätte ich nie eine Sünde
begangen noch gehabt
und selbst den ganzen Gehorsam vollbracht,
den Christus für mich geleistet hat,   2. Kor 5, 21
wenn ich allein diese Wohltat
mit gläubigem Herzen annehme.   Röm 3, 22; Joh 3, 18

Frage 61   **Warum sagst du,**
daß du allein durch den Glauben
gerecht bist?

Ich gefalle Gott nicht deswegen,
weil mein Glaube
ein verdienstvolles Werk wäre.
Allein die Genugtuung,
Gerechtigkeit und Heiligkeit Christi

1. Kor 1, 30; 2, 2   ist meine Gerechtigkeit vor Gott.
Ich kann sie nicht anders
als durch den Glauben

1. Joh 5, 10   annehmen und mir zueignen.

24. Sonntag

Frage 62   **Warum können denn unsere guten Werke**
uns nicht ganz oder teilweise
vor Gott gerecht machen?

Die Gerechtigkeit,
die vor Gottes Gericht bestehen soll,
muß vollkommen sein
und dem göttlichen Gesetz

Gal 3, 10; 5. Mose 27, 26   ganz und gar entsprechen.
Aber auch unsere besten Werke
sind in diesem Leben

Jes 64, 5   alle unvollkommen und mit Sünde befleckt.

Verdienen aber unsere guten Werke nichts, Frage 63
obwohl Gott sie doch in diesem und dem
zukünftigen Leben belohnen will?

Diese Belohnung geschieht nicht aus Verdienst,
sondern aus Gnade. Lk 17, 10

Macht aber diese Lehre die Menschen Frage 64
nicht leichtfertig und gewissenlos?

Nein;
denn es ist unmöglich, daß Menschen,
die Christus
durch wahren Glauben eingepflanzt sind,
nicht Frucht der Dankbarkeit bringen. Mt 7, 18

Von den heiligen Sakramenten

Frage 65

**Wenn nun allein der Glaube uns Anteil an
Christus und allen seinen Wohltaten gibt,
woher kommt solcher Glaube?**

Der Heilige Geist wirkt den Glauben
Eph 2, 8-9; Joh 3, 5   in unseren Herzen
durch die Predigt des heiligen Evangeliums
und bestätigt ihn
Mt 28, 19-20
1. Petr 1, 22-23   durch den Gebrauch der heiligen Sakramente.

Frage 66   **Was sind Sakramente?**

Es sind sichtbare heilige Wahrzeichen und Siegel.
Gott hat sie eingesetzt,
um uns durch ihren Gebrauch
den Zuspruch des Evangeliums
besser verständlich zu machen
und zu versiegeln:
daß er uns auf Grund
des einmaligen Opfers Christi,
am Kreuz vollbracht,
5. Mose 30, 6; 3. Mose 6, 18
1. Mose 17, 11; Röm 4, 11   Vergebung der Sünden und ewiges Leben
Hebr 9, 8-9.24; Hes 20,12   aus Gnade schenkt.

Sollen denn beide, Wort und Sakrament, Frage 67
unseren Glauben auf das Opfer Jesu Christi
am Kreuz als den einzigen Grund
unserer Seligkeit hinweisen?

Ja;
denn der Heilige Geist lehrt im Evangelium
und bestätigt durch die heiligen Sakramente,
daß unsere ganze Seligkeit
gegründet ist auf das einmalige Opfer Christi,
das für uns am Kreuz geschah. Röm 6, 3; Gal 3, 27

Wieviel Sakramente hat Christus Frage 68
im Neuen Testament eingesetzt?

Zwei,
die heilige Taufe
und das heilige Abendmahl.

Von der heiligen Taufe

26. Sonntag

Frage 69

**Wie wirst du in der heiligen Taufe erinnert
und gewiß gemacht,
daß das einmalige Opfer Christi
am Kreuz dir zugut kommt?**

Mt 28, 19-20
Apg 2, 38
Mt 3, 11; Mk 16, 16
Röm 6, 3-4

Christus hat dies äußerliche Wasserbad eingesetzt
und dabei verheißen,
daß ich so gewiß mit seinem Blut und Geist
von der Unreinigkeit meiner Seele,
das ist, von allen meinen Sünden,
reingewaschen bin,
wie ich äußerlich durch das Wasser
gereinigt werde,

Mk 1, 4; Lk 3, 3

das die Unsauberkeit des Leibes hinwegnimmt.

Frage 70

**Was heißt, mit dem Blut und Geist Christi
gewaschen sein?**

Es heißt,
Vergebung der Sünde
von Gott aus Gnade haben

Hebr 12, 24
1. Petr 1, 2; Offb 1, 5
Sach 13, 1
Hes 36, 25-27

um des Blutes Christi willen,
das er in seinem Opfer am Kreuz
für uns vergossen hat.

Es heißt ferner,
durch den Heiligen Geist erneuert
und zu einem Glied Christi geheiligt sein,
so daß wir je länger je mehr
der Sünde absterben
und ein Leben führen,
das Gott gefällt.

Joh 1, 33; 3, 5
1. Kor 6, 11; 12, 13
Röm 6, 4; Kol 2, 11-12

Wo hat Christus verheißen, Frage 71
daß wir so gewiß mit seinem Blut und Geist
wie mit dem Taufwasser gewaschen sind?

Bei der Einsetzung der Taufe sagt er:

»Gehet hin und machet zu Jüngern alle Völker:
Taufet sie auf den Namen des Vaters
und des Sohnes
und des Heiligen Geistes.« Mt 28, 19
»Wer da glaubt und getauft wird,
der wird selig werden;
wer aber nicht glaubt,
der wird verdammt werden.« Mk 16, 16

Diese Verheißung wird dort wiederholt,
wo die Heilige Schrift die Taufe
das »Bad der Wiedergeburt« und Tit 3,5
die »Abwaschung der Sünden« nennt. Apg 22, 16

27. Sonntag

Frage 72

**Ist denn das äußerliche Wasserbad
selbst die Abwaschung der Sünden?**

Eph 5, 26
Mt 3, 11; 1. Petr 3, 21

1. Joh 1, 7; 1. Kor 6, 11

Nein;
denn allein das Blut Jesu Christi
und der Heilige Geist
reinigt uns von allen Sünden.

Frage 73

**Warum nennt denn
der Heilige Geist die Taufe
das »Bad der Wiedergeburt«
und die »Abwaschung der Sünden«?**

Offb 1, 5; 7, 14
1. Kor 6, 11

Mk 16, 16; Gal 3, 17

Gott redet so nicht ohne große Ursache.
Er will uns damit lehren:
Wie die Unsauberkeit des Leibes durch Wasser,
so werden unsere Sünden
durch Blut und Geist Christi hinweggenommen.
Ja vielmehr:
Er will uns durch dies göttliche Pfand
und Wahrzeichen
gewißmachen,
daß wir so wahrhaftig
von unseren Sünden
geistlich gewaschen sind,
wie wir mit dem leiblichen Wasser
gewaschen werden.

Soll man auch die kleinen Kinder taufen?

Ja;
denn sie gehören ebenso wie die Erwachsenen
in den Bund Gottes und seine Gemeinde. 1. Mose 17, 7

Auch ihnen wird,
nicht weniger als den Erwachsenen,
in dem Blut Christi
die Erlösung von den Sünden Mt 19, 14
und der Heilige Geist,
der den Glauben wirkt,
zugesagt. Lk 1, 14-15; Ps 22, 11
Jes 44, 1-3; Apg 2, 39

Darum sollen auch die Kinder
durch die Taufe, das Zeichen des Bundes,
in die christliche Kirche
als Glieder eingefügt
und von den Kindern der Ungläubigen
unterschieden werden, Apg 10, 47
wie es im Alten Testament
durch die Beschneidung geschehen ist, 1. Mose 17, 14
an deren Stelle im Neuen Testament
die Taufe eingesetzt wurde. Kol 2, 11-13

Vom heiligen Abendmahl Jesu Christi

28. Sonntag

Frage 75

**Wie wirst du im Heiligen Abendmahl
erinnert und gewiß gemacht, daß du
an dem einzigen Opfer Christi am Kreuz
und allen seinen Gaben Anteil hast?**

Mt 26, 26-28
Mk 14, 22-24; Lk 22, 19-20
1. Kor 10, 16-17; 11, 23-25; 12, 13

Christus hat mir und allen Gläubigen befohlen,
zu seinem Gedächtnis
von dem gebrochenen Brot zu essen
und von dem Kelch zu trinken.
Dabei hat er verheißen:
Erstens,
daß sein Leib so gewiß
für mich am Kreuz geopfert und gebrochen
und sein Blut für mich vergossen ist,
wie ich mit Augen sehe,
daß das Brot des Herrn mir gebrochen
und der Kelch mir gegeben wird.
Zweitens,
daß er selbst meine Seele
mit seinem gekreuzigten Leib
und vergossenen Blut
so gewiß zum ewigen Leben
speist und tränkt,
wie ich aus der Hand des Dieners empfange
und leiblich genieße
das Brot und den Kelch des Herrn,
welche mir als gewisse Wahrzeichen
des Leibes und Blutes Christi gegeben werden.

Was heißt,
den gekreuzigten Leib Christi essen
und sein vergossenes Blut trinken?

Es heißt nicht allein,
mit gläubigem Herzen
das ganze Leiden und Sterben Christi annehmen
und dadurch Vergebung der Sünde
und ewiges Leben empfangen, Joh 6, 35.40.47-48.50-54
sondern auch,
durch den Heiligen Geist,
der zugleich in Christus und in uns wohnt,
mit seinem verherrlichten Leib Joh 6, 55-56
mehr und mehr vereinigt werden,
so daß,
obgleich er im Himmel ist Apg 3, 21; 1. Kor 11, 26
und wir auf Erden sind, Eph 3, 16-17; 5, 29-32
wir doch ein Leib mit ihm sind 1. Kor 6, 15-19;
1. Joh 3, 24; 4, 13
und von einem Geist Joh 6, 56-58; 14, 23;
ewig leben und regiert werden. 15, 1-6; Eph 4, 15-16

Frage 77

**Wo hat Christus verheißen,
daß er die Gläubigen so gewiß mit seinem
Leib und Blut speist und tränkt,
wie sie von diesem gebrochenen Brot essen
und von diesem Kelch trinken?**

Mt 26, 26-28; Mk 14, 22-24,
Lk 22, 19-20
1. Kor 11, 23-25,

In der Einsetzung des Abendmahls:
»Der Herr Jesus,
in der Nacht, da er verraten ward,
nahm er das Brot,
dankte und brach's und sprach:
(Nehmet, esset,) das ist mein Leib,
der für euch gegeben wird;
das tut zu meinem Gedächtnis.
Desgleichen nahm er auch den Kelch
nach dem Mahl und sprach:
Dieser Kelch ist der neue Bund in meinem Blut;
das tut, sooft ihr daraus trinket,
zu meinem Gedächtnis.
Denn sooft ihr von diesem Brot eßt
und aus dem Kelch trinkt,
verkündigt ihr den Tod des Herrn,
bis er kommt.«

1. Kor 10, 16,17

Diese Verheißung wiederholt der Apostel Paulus,
wenn er sagt:
»Der gesegnete Kelch, den wir segnen,
ist der nicht die Gemeinschaft des Blutes Christi?
Das Brot, das wir brechen,
ist das nicht die Gemeinschaft des Leibes Christi?
Denn e i n Brot ist's: so sind wir viele e i n Leib,
weil wir alle an e i n e m Brot teilhaben.«

Heidelberger Katechismus

Werden denn Brot und Wein
in Leib und Blut Christi verwandelt?

Nein.
Wie das Wasser bei der Taufe
nicht in das Blut Christi verwandelt wird
oder selbst die Sünden abwäscht,
sondern Gottes Wahrzeichen
und Pfand dafür ist,
so wird auch das Brot im Abendmahl
nicht der Leib Christi,
auch wenn es in den Worten,
die beim Abendmahl gebraucht werden,
als der Leib Christi bezeichnet wird.

Mt 26, 29; Mk 14, 24

1. Kor 10, 16-17;
11, 26-28

1. Mose 17, 10-19
2. Mose 12, 26-27.43.48
1. Petr 3, 21
1. Kor 10, 1- 4; Tit 3, 5

Warum nennt denn Christus das Brot
seinen Leib und den Kelch sein Blut
oder nennt den Kelch den neuen Bund
in seinem Blut, und warum spricht
Paulus von der Gemeinschaft
des Leibes und Blutes Jesu Christi?

Frage 79

Christus redet so nicht ohne große Ursache.
Er will uns damit lehren:
Wie Brot und Wein das zeitliche Leben erhalten,
so sind sein gekreuzigter Leib
und sein vergossenes Blut
die wahre Speise und der wahre Trank
unserer Seele zum ewigen Leben.

Joh 6, 51.55

Darüberhinaus will er uns
durch dieses sichtbare Zeichen und Pfand
gewiß machen,
daß wir so wahrhaftig durch seinen Heiligen Geist
an seinem Leib und Blut Anteil bekommen
wie wir diese heiligen Wahrzeichen
mit unserem Mund zu seinem Gedächtnis

1. Kor 10, 16-17 empfangen.
All sein Leiden und sein Gehorsam
sind uns so gewiß zugeeignet,
als hätten wir selbst
das alles gelitten und vollbracht.

30. Sonntag

Frage 80

Was ist für ein Unterschied
zwischen dem Abendmahl des Herrn
und der päpstlichen Messe?

Das Abendmahl bezeugt uns,
daß wir vollkommene Vergebung
aller unserer Sünden haben

Hebr 7, 27; 9, 12.25-28;   durch das einmalige Opfer Jesu Christi,
10, 10-14; Joh 19, 30   das er selbst einmal am Kreuz
Mt 26, 28; Lk 22, 19-20   vollbracht hat,
und daß wir durch den Heiligen Geist

1. Kor 6, 17; 10, 16-17   Christus werden eingeleibt,
der jetzt mit seinem wahren Leib

Hebr 1, 3; 8, 1   im Himmel zur Rechten des Vaters ist
Joh 4, 21-24; 20, 17   und daselbst will angebetet werden.
Lk 24, 52; Apg 7, 55

Heidelberger Katechismus

Die Messe aber lehrt,
daß die Lebendigen und die Toten
nicht durch das Leiden Christi
Vergebung der Sünden haben,
es sei denn,
daß Christus noch täglich
für sie von den Meßpriestern geopfert werde,
und daß Christus leiblich
unter der Gestalt des Brotes und Weines sei
und deshalb darin soll angebetet werden.
Und ist also die Messe im Grunde nichts anderes
als eine Verleugnung des einzigen Opfers
und Leidens Jesu Christi
und eine vermaledeite Abgötterei.*

Kol 3, 1; Phil 3, 20-21
1. Thess 1, 9-10

Hebr 9, 10

*Das Moderamen des Reformierten Bundes hat hierzu
erklärt:
Diese Verwerfung wurde vor 400 Jahren formuliert; sie
läßt sich nach Inhalt und Sprache in dieser Form nicht
aufrechterhalten: Die Polemik gegen die Wiederholung des
einmaligen Opfers Christi am Kreuz und die Anbetung der
Elemente (Brot und Wein) wird dem nicht gerecht, was im
ökumenischen Gespräch inzwischen an Verständigung
erreicht werden konnte.
Der bleibende Lehrunterschied besteht darin, daß die
Eucharistie in der römisch- katholischen Kirche als
»Opfer«, das Abendmahl im evangelischen Gottesdienst als
»Mahlfeier« begriffen wird; doch sollte sich dieser Unterschied nicht kirchentrennend auswirken.

Frage 81   **Welche Menschen sollen zum Tisch des Herrn kommen?**

Alle, die sich selbst
um ihrer Sünde willen mißfallen
und doch vertrauen,
daß Gott sie ihnen vergeben hat
und daß auch die bleibende Schwachheit
mit dem Leiden und Sterben Christi zugedeckt ist,
die aber auch begehren,
mehr und mehr ihren Glauben zu stärken
und ihr Leben zu bessern.
Wer aber unbußfertig und heuchlerisch
zum Abendmahl kommt,

1. Kor 10, 19-22; 11, 28-29   ißt und trinkt sich selbst zum Gericht.

Frage 82   **Dürfen aber zum heiligen Abendmahl auch solche zugelassen werden, die sich in ihrem Bekenntnis und Leben als Ungläubige und Gottlose erweisen?**

Nein;

1. Kor 11, 20.34
Jes 1, 11-15; 66, 3
Jer 7, 21-23; Ps 50, 16-17

denn sonst wird der Bund Gottes geschmäht
und sein Zorn über die ganze Gemeinde erregt.
Darum muß die christliche Kirche
nach der Ordnung Christi und seiner Apostel
solche durch das Amt der Schlüssel ausschließen,
bis sie ihr Leben bessern.

54

Was ist das Amt der Schlüssel?

Die Predigt des heiligen Evangeliums
und die christliche Bußzucht.
Durch diese beiden wird das Himmelreich
den Gläubigen aufgeschlossen,   Mt 16, 18-19; 18, 18
den Ungläubigen aber zugeschlossen.

Wie wird das Himmelreich   Frage 84
durch die Predigt des heiligen Evangeliums
auf- und zugeschlossen?

Nach dem Befehl Christi wird
allen Gläubigen verkündigt
und öffentlich bezeugt,
daß ihnen alle ihre Sünden von Gott
um des Verdienstes Christi willen
wahrhaftig vergeben sind,
sooft sie den Zuspruch des Evangeliums
mit wahrem Glauben annehmen.
Dagegen wird allen,
die den Glauben verwerfen
oder heucheln,
öffentlich bezeugt,
daß der Zorn Gottes
und die ewige Verdammnis auf ihnen liegt,   Joh 20, 21-23; Mt 16, 19
solange sie sich nicht bekehren.
Nach diesem Zeugnis des Evangeliums
will Gott in diesem und im zukünftigen Leben
urteilen.

Frage 85

**Wie wird das Himmelreich
durch die christliche Bußzucht
zu- und aufgeschlossen?**

Nach dem Befehl Christi werden alle,
die sich Christen nennen,
aber unchristlich lehren oder leben,
mehrmals seelsorgerlich vermahnt.

Wenn sie von ihren Irrtümern und Lastern
nicht ablassen,
werden sie der Gemeinde
oder den von ihr Beauftragten
namhaft gemacht.

Wenn sie auch deren Vermahnung
nicht folgen,
werden sie von diesen
durch Versagung der heiligen Sakramente
aus der christlichen Gemeinde
und von Gott selber aus dem Reich Christi
ausgeschlossen.

Jedoch werden sie
als Glieder Christi und der Kirche
wieder angenommen,
wenn sie wahre Besserung
versprechen und zeigen.

Mt 18, 15-18
1. Kor 5, 3-5.11
2. Thess 3, 14-15
2. Joh 10, 11

Der dritte Teil

Von der Dankbarkeit

Da wir nun aus unserm Elend
ganz ohne unser Verdienst
aus Gnade durch Christus erlöst sind,
warum sollen wir gute Werke tun?

Frage 86

Wir sollen gute Werke tun,
weil Christus,
nachdem er uns mit seinem Blut erkauft hat,
uns auch durch seinen Heiligen Geist
erneuert zu seinem Ebenbild,
damit wir mit unserem ganzen Leben
uns dankbar gegen Gott
für seine Wohltat erweisen
und er durch uns gepriesen wird.
Danach auch,
daß wir bei uns selbst unsers Glaubens
aus seinen Früchten gewiß werden
und mit einem Leben, das Gott gefällt,
unsern Nächsten auch für Christus gewinnen.

1. Kor 6, 20; Röm 6, 13;
12, 1-2; Mt 5, 16;
1. Petr 2, 5.9-12

2. Petr 1, 10
Mt 7, 17-18; Gal 5, 6.22

1. Petr 3, 1-2
Röm 14, 19

Frage 87

**Können denn auch die selig werden,
die sich von ihrem undankbaren,
unbußfertigen Leben
nicht zu Gott bekehren?**

Keineswegs;
denn die Schrift sagt:
kein Unzüchtiger, Götzendiener, Ehebrecher,
Dieb, Geiziger, Trunkenbold, Lästerer, Räuber

1. Kor 6, 9-10
Eph 5, 5-6; 1. Joh 3, 14-15

und dergleichen
wird das Reich Gottes erben.

33. Sonntag

Frage 88

**Worin besteht die wahrhaftige Buße
oder Bekehrung des Menschen?**

Röm 6, 4-6; Eph 4, 22-24
Kol 3, 5-10; 1. Kor 5, 7

Im Absterben des alten Menschen
und im Auferstehen des neuen Menschen.

Frage 89

**Was heißt
Absterben des alten Menschen?**

Sich die Sünde
von Herzen leid sein lassen
und sie je länger je mehr

Röm 8, 13; Joel 2, 13

hassen und fliehen.

Heidelberger Katechismus

Was heißt
Auferstehen des neuen Menschen?

Frage 90

Herzliche Freude in Gott durch Christus haben
und Lust und Liebe,
nach dem Willen Gottes
in allen guten Werken zu leben.

Röm 5, 1; 14, 17
Jes 57, 15

Röm 6, 10-11; Gal 2, 20

Was sind denn gute Werke?

Frage 91

Allein solche, die aus wahrem Glauben
nach dem Gesetz Gottes
ihm zur Ehre geschehen,
und nicht solche, die auf unser Gutdünken
oder auf Menschengebote gegründet sind.

Röm 14, 23

1. Sam 15, 22; Eph 2, 10
1. Kor 10, 31

Mt 15, 9; Hes 20, 18-19
Jes 29, 13; 5. Mose 13, 1

Wie lautet das Gesetz des Herrn?

Frage 92

»Gott redete alle diese Worte:

Ich bin der HERR, dein Gott,
der ich dich aus Ägyptenland,
aus der Knechtschaft geführt habe.
Du sollst keine anderen Götter haben neben mir.

Das 1. Gebot

Du sollst dir kein Bildnis
noch irgendein Gleichnis machen,
weder von dem, was oben im Himmel,
noch von dem, was unten auf Erden,

Das 2. Gebot

noch von dem, was im Wasser unter der Erde ist:
Bete sie nicht an und diene ihnen nicht.
Denn ich, der HERR, dein Gott,
bin ein eifernder Gott,
der die Missetat der Väter heimsucht
bis ins dritte und vierte Glied
an den Kindern derer, die mich hassen,
aber Barmherzigkeit erweist an vielen Tausenden,
die mich lieben und meine Gebote halten.

Das 3. Gebot

Du sollst den Namen des HERRN, deines Gottes,
nicht mißbrauchen;
denn der HERR wird den nicht ungestraft lassen,
der seinen Namen mißbraucht.

Das 4. Gebot

Gedenke des Sabbattages, daß du ihn heiligest.
Sechs Tage sollst du arbeiten
und alle deine Werke tun.
Aber am siebenten Tag
ist der Sabbat des HERRN, deines Gottes.
Da sollst du keine Arbeit tun,
auch nicht dein Sohn, deine Tochter,
dein Knecht, deine Magd, dein Vieh,
auch nicht dein Fremdling,
der in deiner Stadt lebt.
Denn in sechs Tagen hat der HERR
Himmel und Erde gemacht,
und das Meer und alles, was darinnen ist,
und ruhte am siebenten Tage.
Darum segnete der HERR den Sabbattag
und heiligte ihn.

Du sollst deinen Vater und deine Mutter ehren, Das 5. Gebot
auf daß du lange lebest in dem Lande,
das dir der HERR, dein Gott, geben wird.

Du sollst nicht töten. Das 6. Gebot

Du sollst nicht ehebrechen. Das 7. Gebot

Du sollst nicht stehlen. Das 8. Gebot

Du sollst nicht falsch Zeugnis reden Das 9. Gebot
wider deinen Nächsten.

Du sollst nicht begehren deines Nächsten Haus. Das 10. Gebot
Du sollst nicht begehren deines Nächsten Weib,
Knecht, Magd, Rind, Esel,
noch alles,
was dein Nächster hat.«
(2. Mose 20, 1-17)

34. Sonntag

Wie werden diese Gebote eingeteilt? Frage 93

In zwei Tafeln:
Die erste Tafel lehrt in vier Geboten, 2. Mose 34, 28
wie wir uns Gott gegenüber verhalten sollen, 5. Mose 4, 13; 10, 3-4
die zweite in sechs Geboten,
was wir unserm Nächsten schuldig sind. Mt 22, 37-40

Frage 94

Was fordert der Herr im ersten Gebot?

Gott will,

1. Kor 6, 9-10; 10, 7.14

daß ich allen Götzendienst,

3. Mose 19, 31; Mt 4, 10
5. Mose 18, 10-12;
Offb 19, 10; 22, 8.9

alle Zauberei und Wahrsagerei,
allen Aberglauben,
auch das Anrufen der Heiligen oder
anderer Geschöpfe
meide und fliehe,
damit ich meiner Seele Heil und Seligkeit
nicht verliere.

Joh 17, 3

Stattdessen soll ich

Jer 17, 5
1. Petr 5, 5-6; Röm 5, 3,4
1. Kor 10, 10; Phil 2, 14
Ps 104, 27-30; Jes 45, 7
Jak 1, 17; Spr 1, 7; 9, 10
Hebr 10, 36; Kol 1, 11
5. Mose 6, 2.5; Mt 22, 37
Ps 111, 10; Mt 4, 10; 10, 28
5. Mose 10, 20

den einen wahren Gott recht erkennen,
ihm allein vertrauen
und in aller Demut und Geduld
von ihm allein alles Gute erwarten.
Ihn allein soll ich von ganzem Herzen
lieben, fürchten und ehren,

Mt 5, 29-30; 10, 37
Apg 5, 29

so daß ich eher alle Geschöpfe preisgebe,
als im Geringsten gegen seinen Willen handle.

Frage 95

Was ist Götzendienst?

Eph 5, 5; 1.Chron 16, 26
Phil 3, 19; Joh 5, 23
Gal 4, 8; Eph 2, 12
1. Joh 2, 23; 2. Joh 9

Anstelle des einen wahren Gottes,
der sich in seinem Wort offenbart hat,
oder neben ihm
irgendetwas anderes ersinnen oder haben,
worauf der Mensch sein Vertrauen setzt.

Heidelberger Katechismus

Was will Gott im zweiten Gebot?

Gott will, daß wir ihn in keiner Weise abbilden,
noch ihn auf irgendeine andere Art verehren,
als er es in seinem Wort befohlen hat.

5. Mose 4, 15-19; Jes
40, 18-20.25; Röm 1,
23-24; Apg 17, 29
1. Sam 15, 23; Mt 15, 9
5. Mose 12,30-32

Darf man denn gar kein Bild machen?

Gott kann und darf in keiner Weise
abgebildet werden.
Die Geschöpfe dürfen abgebildet werden,
aber Gott verbietet,
Bilder von ihnen zu machen und zu haben,
um sie zu verehren oder ihm damit zu dienen.

2. Mose 23, 24; 34, 13-
14; 4. Mose 33, 52
5. Mose 7, 5; 12, 3
16, 22; 2. Kön 18, 4

Dürfen denn nicht die Bilder
als »der Laien Bücher«
in den Kirchen geduldet werden?

Nein;
denn wir sollen uns nicht für weiser halten
als Gott,
der seine Christenheit nicht
durch stumme Götzen,
sondern durch
die lebendige Predigt seines Wortes
unterwiesen haben will.

Jer 10, 8
Hab 2, 18-19

2. Petr 1, 19

36. Sonntag

Frage 99   **Was will Gott im dritten Gebot?**

Gott will,

3. Mose 24, 10-16   daß wir weder mit Fluchen

3. Mose 19, 12   oder mit falschem Eid,

Mt 5, 37; Jak 5, 12   noch mit unnötigem Schwören
seinen Namen lästern oder mißbrauchen.
Wir sollen uns auch nicht
durch unser Stillschweigen und Zusehen
an solchen schrecklichen Sünden
mitschuldig machen.
Gottes heiligen Namen sollen wir

Jes 45, 23   nur mit Furcht und Ehrerbietung gebrauchen,

Mt 10, 32; 1.Tim 2, 8   so daß er von uns recht bekannt, angerufen

Röm 2, 24; 1.Tim 6, 1   und in allen unseren Worten und Werken
Kol 3, 16-17   gepriesen wird.

Frage 100   **Ist es denn eine so schwere Sünde,**
Gottes Namen
mit Schwören und Fluchen zu lästern,
daß Gott auch über die zürnt,
die nicht alles tun, um es zu verhindern?

3. Mose 5, 1   Ja;
denn es gibt keine Sünde, die größer ist
und Gott heftiger erzürnt,
als die Lästerung seines Namens.
Darum hat er auch befohlen,

3. Mose 24, 15-16   sie mit dem Tode zu bestrafen.

Darf man aber überhaupt bei dem Namen Gottes einen Eid schwören?

Ja, wenn es die Obrigkeit fordert
oder die Not es gebietet,
auf diese Weise Treue und Wahrheit
zu Gottes Ehre und des Nächsten Wohl
zu erhalten und zu fördern.
Denn solches Schwören ist
in Gottes Wort begründet.
Deshalb haben die Menschen
im Alten und Neuen Testament
zu Recht davon Gebrauch gemacht.

5. Mose 6, 13; 10, 20
Jes 48, 1; Hebr 6, 16

1. Mose 21, 24; 31, 53-
54; 1. Sam 24, 22;
2. Sam 3, 35; Jes 9, 15;
1. Kön 1, 29
Röm 1, 9; 2. Kor 1, 23

Darf man auch bei den Heiligen oder anderen Geschöpfen schwören?

Nein;
denn in einem rechtmäßigen Eid
rufe ich Gott selbst zum Zeugen an,
daß er, der allein die Herzen kennt,
die Wahrheit bestätige
und mich strafe, wenn ich falsch schwöre.
Diese Ehre aber gebührt keinem Geschöpf.

2. Kor 1, 23

Mt 5, 34-36; Jak 5, 12

38. Sonntag

Frage 103

Tit 1, 5; 1. Tim 3, 14-15
1. Tim 4, 13-16; 5, 17
1. Kor 9, 11-14;
2. Tim 2, 2; 3, 15

Ps 40, 10-11; 68, 27
Apg 2, 42.46
1. Kor 14, 19.29-31

1. Kor 11, 33
1. Tim 2, 1-3.8-10
1. Kor 14, 16

1. Kor 16, 2

Jes 66, 23

Was will Gott im vierten Gebot?

Gott will zum einen,
daß das Predigtamt und
die christliche Unterweisung
erhalten bleiben
und daß ich, besonders am Feiertag,
zu der Gemeinde Gottes fleißig
komme.
Dort soll ich Gottes Wort lernen,
die heiligen Sakramente gebrauchen,
den Herrn öffentlich anrufen
und in christlicher Nächstenliebe für
Bedürftige spenden.

Zum andern soll ich
an allen Tagen meines Lebens
von meinen bösen Werken feiern*
und den Herrn durch seinen Geist
in mir wirken lassen.

So fange ich den ewigen Sabbat
schon in diesem Leben an.

* »feiern« = ablassen

Was will Gott im fünften Gebot   Frage 104

Ich soll meinem Vater und meiner Mutter
und allen, die mir vorgesetzt sind,
alle Ehre, Liebe und Treue erweisen
und alle gute Lehre und Strafe
mit gebührendem Gehorsam annehmen,
auch mit ihren Schwächen und
Fehlern Geduld haben,
weil Gott uns durch ihre Hand
regieren will.

Eph 5, 22; 6. 1-2.5
Kol 3, 18.20-24; Spr 1, 8
4, 1; 15, 20; 20, 20
2.Mose 21, 17; Röm 13, 1

Spr 23, 22; 1. Mose 9,
24-25; 1. Petr 2, 18

Eph 6, 4.9; Kol 3, 19.21
Röm 13, 2-7; Mt 22, 21

40. Sonntag

Was will Gott im sechsten Gebot?   Frage 105

Ich soll meinen Nächsten
weder mit Gedanken
noch mit Worten oder Gebärden,
erst recht nicht mit der Tat,
auch nicht mit Hilfe anderer,
schmähen, hassen, beleidigen oder töten.
Ich soll vielmehr
alle Rachgier ablegen,
mir auch nicht selbst Schaden zufügen
oder mich mutwillig in Gefahr begeben.
Darum hat auch der Staat den Auftrag,
durch seine Rechtsordnung
das Töten zu verhindern.

Mt 5, 21-22.26.52
1. Mose 9, 6; Eph 4, 26;
Röm 12, 19; Mt 5, 25;
18, 35

Röm 13, 14; Kol 2, 23
Sir 3, 27; Mt 4, 7

1. Mose 9, 6
2. Mose 21, 14; Mt 26.52
Röm 13, 4

Fage 106   **Redet denn dieses Gebot nur vom Töten?**

                  Nein.
                  Gott will uns
                  durch das Verbot des Tötens lehren,
                  daß er schon die Wurzel des Tötens,
Röm 1, 28-32; 1. Joh 2, 9-11   nämlich Neid, Haß, Zorn und Rachgier
Jak 1, 20; Gal 5, 19-21   haßt und daß alles
                  für ihn
1. Joh 3, 15   heimliches Töten ist.

Frage 107   **Haben wir das Gebot schon erfüllt,**
                  wenn wir unseren Nächsten nicht töten?

                  Nein.
                  Indem Gott Neid, Haß und Zorn verdammt,
Mt 7, 12; 22, 39 will er, daß wir unseren Nächsten
                  lieben wie uns selbst,
Eph 4,2; Gal 6, 1-2;   ihm Geduld, Frieden, Sanftmut,
Mt 5, 5.7; Lk 6, 36;   Barmherzigkeit und
Röm 12, 10.18   Freundlichkeit erweisen,
2. Mose 23, 5   Schaden, so viel uns möglich, von ihm abwen-
Mt 5, 44-45; Röm 12, 20-21   den,
                  und auch unseren Feinden Gutes tun.

Was will Gott im siebenten Gebot?

Gott verurteilt alle Zügellosigkeit.   3. Mose 18, 27-29
Darum sollen wir ihr von Herzen feind sein,   Jud 22, 23
rücksichtsvoll und verantwortungsbewußt   1. Thess 4, 3-5
leben,   Hebr 13, 4; 1. Kor 7, 4
sei es nun in der Ehe oder außerhalb derselben.

**Verbietet Gott in diesem Gebot
allein den Ehebruch?**

Nein.
Weil beide, unser Leib und unsere Seele,
Tempel des Heiligen Geistes sind,
darum will Gott, daß wir
beide rein und heilig bewahren.
Er verbietet deshalb   Eph 5, 3-4; 1. Kor 6, 18-
alle zügellosen Taten,   20; Mt 5, 27-28
Gebärden, Worte, Gedanken, Begierden   Eph 5, 18; 1. Kor 15, 33
und alles, was den Menschen dazu reizen kann.

42. Sonntag

Frage 110

Was verbietet Gott im achten Gebot?

1. Kor 5, 10; 6, 10

Gott verbietet nicht nur Diebstahl und Raub,
die nach staatlichem Recht bestraft werden.
Er nennt Diebstahl
auch alle Schliche
und betrügerischen Handlungen,
womit wir versuchen,
unseres Nächsten Gut an uns zu bringen,

Lk 3, 14; 1.Thess 4, 6
Spr 11, 1; 16, 11

sei es mit Gewalt
oder einem Schein des Rechts:

Hes 45, 9-10; Ps 15, 55
5. Mose 25, 13-15; Lk 6, 35

mit falschem Gewicht und Maß,
mit schlechter Ware,
gefälschtem Geld und Wucher,
oder mit irgendeinem Mittel,
das von Gott verboten ist.

1. Kor 6, 10

Er verbietet auch allen Geiz

Spr 5, 16

und alle Verschwendung seiner Gaben.

Frage 111

Was gebietet dir aber Gott in diesem Gebot?

Ich soll das Wohl meines Nächsten
fördern, wo ich nur kann,

Mt 7, 12

und an ihm so handeln,
wie ich möchte, daß man an mir handelt.
Auch soll ich gewissenhaft arbeiten,
damit ich dem Bedürftigen

Eph 4, 28

in seiner Not helfen kann.

Was will Gott im neunten Gebot?

Ich soll gegen niemanden   Spr 19, 5.9; 21, 28
falsches Zeugnis geben,
niemandem seine Worte verdrehen,   Ps 15, 3
nicht hinter seinem Rücken reden   Röm 1, 28.30
und ihn nicht verleumden.
Ich soll niemanden ungehört und leichtfertig   Mt 7, 1.2; Lk 6, 37
verurteilen helfen
und alles Lügen und Betrügen
als Werke des Teufels   Joh 8, 44
bei Gottes schwerem Zorn vermeiden.   Spr 12, 22; 13, 5
Vor Gericht und in all meinem Tun
soll ich die Wahrheit lieben,
sie aufrichtig sagen und bekennen
und auch meines Nächsten Ehre und guten Ruf   1. Kor 13, 6; Eph 4, 25
nach Kräften retten und fördern.   1. Petr 4, 8

Was will Gott im zehnten Gebot?

Wir sollen in unserem Herzen
keine Lust und keinen Gedanken
aufkommen lassen,
gegen irgendein Gebot Gottes zu handeln,
sondern wir sollen jederzeit
von ganzem Herzen aller Sünde feind sein
und Lust zu aller Gerechtigkeit haben.   Röm 7, 7-8

Frage 114

**Können aber die zu Gott Bekehrten
diese Gebote vollkommen halten?**

Nein,
sondern es kommen
auch die frömmsten Menschen
in diesem Leben
über einen geringen Anfang
dieses Gehorsams nicht hinaus.
Wohl aber beginnen sie,
mit fester Absicht
nicht nur nach einigen,
sondern nach allen Geboten Gottes
zu leben.

1. Joh 1, 8-10
Röm 7, 14-15; Pred 7, 20

Röm 7, 22; Jak 2, 10-11

Warum läßt uns Gott denn die zehn Gebote
so eindringlich predigen,
wenn sie doch in diesem Leben
niemand halten kann?

Frage 115

Erstens
sollen wir unser ganzes Leben lang
unsere sündige Art
je länger, je mehr erkennen   1. Joh 1, 9; Ps 32, 5
und um so begieriger
Vergebung der Sünden
und Gerechtigkeit in Christus suchen.   Röm 7, 24-25

Zweitens
sollen wir unaufhörlich uns bemühen
und Gott um die Gnade
des Heiligen Geistes bitten,
daß wir je länger, je mehr
zum Ebenbild Gottes erneuert werden,
bis wir nach diesem Leben   1. Kor 9, 24-25
das Ziel der Vollkommenheit erreichen.   Phil 3, 11-14

Vom Gebet

Frage 116   **Warum ist den Christen das Gebet nötig?**

Ps 50, 14-15   Weil es die wichtigste Gestalt der Dankbarkeit
ist,
die Gott von uns fordert,
und weil Gott seine Gnade
und seinen Heiligen Geist
nur denen geben will,
Mt 7, 7-8; 13, 12   die ihn herzlich und unaufhörlich
Lk 11, 9.10.13   darum bitten und ihm dafür danken.

Frage 117

Was gehört zu einem Gebet,
damit es Gott gefällt
und von ihm erhört wird?

Erstens,
Joh 4, 22-24   daß wir allein den wahren Gott,
Joh 4, 23.24   der sich uns in seinem Wort geoffenbart hat,
Röm 8, 26; 1. Joh 5, 14   von Herzen anrufen
um alles, was er uns zu bitten befohlen hat.

Zweitens,
2. Chron 20, 12   daß wir unsere Not und unser Elend
gründlich erkennen,
Ps 2, 11; 34, 19; Jes 66, 2   um uns vor seinem göttlichen Angesicht
zu demütigen.

Drittens,
daß wir diesen festen Grund haben,
daß er unser Gebet
trotz unserer Unwürdigkeit
um des Herrn Christus willen
gewiß erhören will,
wie er uns in seinem Wort verheißen hat.

Röm 10, 14; Jak 1, 6

Joh 14, 13-16
Dan 9, 17-18
Mt 7, 8; Ps 143, 1

Frage 118

**Was hat uns Gott befohlen,
von ihm zu erbitten?**

Alles, was wir
für unser geistliches
und leibliches Leben
nötig haben,
wie es der Herr Christus
in dem Gebet zusammengefaßt hat,
das er uns selber lehrt.

Jak 1, 17; Mt 6, 33

| Frage 119 | **Wie lautet dieses Gebet?** |

Mt 6, 9-13; Lk 11, 2-4

Unser Vater im Himmel!
Geheiligt werde dein Name.
Dein Reich komme.
Dein Wille geschehe
wie im Himmel so auf Erden.
Unser tägliches Brot gib uns heute.
Und vergib uns unsere Schuld,
wir auch wir vergeben unsern Schuldigern.
Und führe uns nicht in Versuchung,
sondern erlöse uns von dem Bösen.
Denn dein ist das Reich
und die Kraft
und die Herrlichkeit
in Ewigkeit
Amen.

Warum hat uns Christus befohlen, Frage 120
Gott so anzureden:
»Unser Vater«?

Er will in uns gleich zu Anfang unseres Gebetes
die kindliche Ehrfurcht und Zuversicht
Gott gegenüber wecken,
auf die unser Gebet gegründet sein soll;
daß nämlich Gott
durch Christus unser Vater geworden ist
und uns das, worum wir ihn im Glauben bitten,
noch viel weniger verweigern will,
als unsere Väter uns irdische Dinge abschlagen.

Mt 7, 9-11
Lk 11, 11-13

Warum wird hinzugefügt: Frage 121
»Im Himmel«?

Wir sollen von der himmlischen Hoheit Gottes
nichts Irdisches denken
und von seiner Allmacht alles erwarten,
was für Leib und Seele nötig ist.

Jer 23, 23-24
Apg 17, 24-27
Röm 10, 12

47. Sonntag

Frage 122

**Was bedeutet die erste Bitte:
»Geheiligt werden dein Name«?**

Damit beten wir:

Joh 17, 3; Mt 16, 17
Jak 1, 5; Ps 119, 105
Ps 119, 137; Röm 11, 22.33

Gib uns zuerst, daß wir dich recht erkennen
und dich heiligen, rühmen und preisen
in allen deinen Werken,
in denen deine Allmacht, Weisheit, Güte,
Gerechtigkeit, Barmherzigkeit und Wahrheit
leuchten.
Gib uns auch, daß wir unser ganzes Leben,
unsere Gedanken, Worte und Werke
darauf richten,
daß dein Name unsertwegen nicht gelästert,

Ps 71, 8; 115, 1

sondern geehrt und gepriesen werde.

Was bedeutet die zweite Bitte: Frage 123
»Dein Reich komme«?

Damit beten wir:
Regiere uns durch dein Wort und deinen Geist,
daß wir dir je länger, je mehr gehorchen.
Erhalte und mehre deine Kirche
und zerstöre die Werke des Teufels
und alle Gewalt, die sich gegen dich erhebt,
und alle Machenschaften,
die gegen dein heiliges Wort erdacht werden,
bis die Vollendung deines Reiches kommt,
in dem du alles in allen sein wirst.

Ps 119, 5; 143, 10
Mt 6, 33
Ps 51, 20; 122, 6-7

1. Joh 3, 8; Röm 16, 20
Offb 22, 17.20
Röm 8, 22-23
1. Kor 15, 28

Was bedeutet die dritte Bitte: Frage 124
»Dein Wille geschehe wie im Himmel
so auf Erden«?

Damit beten wir:
Hilf, daß wir und alle Menschen
unserm eigenen Willen absagen
und deinem allein guten Willen
ohne alles Widersprechen gehorchen,
so daß jeder seine irdischen Aufgaben
so willig und treu ausübt
wie die Engel im Himmel.

Mt 16, 24; Tit 2, 12

Lk 22, 42

1. Kor 7, 24
Ps 103, 20-21

50. Sonntag
Frage 125

Was bedeutet die vierte Bitte:
»Unser tägliches Brot gib uns heute«?

Damit beten wir:

Ps 104, 27-28;
145, 15-16; Mt 6, 25-26

Versorge uns mit allem,
was für Leib und Leben nötig ist.
Lehre uns dadurch erkennen,

Apg 14, 17; 17, 27-28

daß du allein der Ursprung alles Guten bist
und daß ohne deinen Segen
unsere Sorgen und unsere Arbeit

1. Kor 15, 58
5. Mose 8, 3; Ps 37, 16-17

wie auch deine Gaben uns nichts nützen.
Laß uns deshalb unser Vertrauen
von allen Geschöpfen abwenden

Ps 55, 23; 62, 11

und es allein auf dich setzen.

51. Sonntag
Frage 126

Was bedeutet die fünfte Bitte:
»Vergib uns unsere Schuld,
wie auch wir vergeben unsern Schuldigern«?

Damit beten wir:
Rechne uns armen Sündern
alle unsere Missetat
und das Böse,

Ps 51, 1-5; 143, 2
1. Joh 2, 1-2

das uns immer noch anhängt,
um des Blutes Christi willen nicht zu,

Mt 6, 14-15

wie auch wir es als Zeugnis deiner Gnade
in uns finden,
unserem Nächsten von Herzen verzeihen
zu wollen.

Was bedeutet die sechste Bitte:
»Und führe uns nicht in Versuchung,
sondern erlöse uns von dem Bösen«?

Damit beten wir:
Aus uns selbst sind wir so schwach,
daß wir nicht einen Augenblick   Joh 15, 5
bestehen können.   Ps 103, 14-16
Auch hören unsere erklärten Feinde,   1. Petr 5, 8; Eph 6, 12
der Teufel, die Welt und unser eigenes Wesen,   Joh 15, 19; Röm 7, 23
nicht auf, uns anzufechten.   Gal 5, 17
Darum erhalte und stärke uns
durch die Kraft deines Heiligen Geistes,
daß wir ihnen fest widerstehen   Mt 26, 41
und in diesem geistlichen Streit   Mk 13, 33
nicht unterliegen,
bis wir endlich den völligen Sieg   1. Thess 3, 13; 5, 23-24
davontragen.

Frage 128

Wie beschließt du dieses Gebet?
»Dein ist das Reich, und die Kraft
und die Herrlichkeit in Ewigkeit«.

Damit beten wir:
Dies alles erbitten wir darum von dir,
weil du als unser König und aller Dinge mächtig

Röm 10, 11-12; 2. Petr 2, 9 uns alles Gute geben willst und kannst,
und daß dadurch nicht wir,
sondern dein heiliger Name

Joh 14, 13; Ps 115, 1 ewig gepriesen werde.

Frage 129

Was bedeutet das Wort: »Amen«?

A m e n heißt:
Das ist wahr und gewiß!
Denn mein Gebet
ist von Gott viel gewisser erhört,
als ich in meinem Herzen fühle,

2. Kor 1, 20; 2. Tim 2, 13 daß ich dies alles von ihm begehre.

Zur Geschichte des Katechismus

VON J.F.G. GOETERS

1. Der Heidelberger Katechismus von 1563 ist von seinem Ursprung her der Katechismus der evangelisch-reformierten Landeskirche der Kurpfalz. Sein Originalbuchtitel lautet: »Catechismus
oder christlicher Unterricht, wie er in Kirchen und Schulen der kurfürstlichen Pfalz getrieben wird«. Seinen Namen bekam er nach seinem Druckort Heidelberg, der Hauptstadt der Kurpfalz in alter
Zeit. Bald ist er auch außerhalb seines Heimatlandes übernommen
und kirchlich eingeführt worden. Er ist der am weitesten verbreitete
reformierte Katechismus, gewissermaßen das reformierte Gegen-
stück zum »Kleinen Katechismus« Martin Luthers.

2. Das Wort »Katechismus« bedeutet ursprünglich mündlicher
Unterricht, ein Geschehen, nicht ein Lehrbuch. Christlicher Unterricht folgt der Anweisung Christi in seinem Taufbefehl: »Gehet hin
und machet zu Jüngern alle Völker . . . und lehret sie halten alles,
was ich euch befohlen habe« (Mt 28, 19. 20).

    In der ältesten Christenheit, die eine Missionskirche war, wurden
zumeist Erwachsene vor ihrer Taufe unterrichtet. Neben Regeln
zur Lebensführung, wie wir sie aus den Apostelbriefen im Neuen
Testament kennen, waren das Vaterunser und das Glaubensbekenntnis Unterrichtsinhalt. Die drei Artikel des Bekenntnisses wurden dem Täufling vor seiner Taufe in Frageform vorgesprochen. Er
antwortete jedesmal mit einem: »Ja, ich glaube«.

    Im Mittelalter wurde die Taufe von Kindern christlicher Eltern
zur Regel. Karl der Große verpflichtete in seinem Reich Eltern und

Paten zum Unterricht der Kinder im Vaterunser und Glaubensbekenntnis. Seit 1215 die jährliche Beichtpflicht aller Erwachsenen vorgeschrieben worden war, kamen die 10 Gebote als eine Beichtanleitung hinzu. Eine eigene kirchliche Ordnung hatte der christliche Jugendunterricht im Mittelalter nicht

Bei den Böhmischen Brüdern, den friedlichen Nachfolgern des Jan Hus, wurde im 15. Jahrhundert der christliche Jugendunterricht als Abendmahlsvorbereitung erneuert. Die humanistische Schulreform bearbeitete auch religiöse Unterrichtsstoffe. Der damals neue Buchdruck ermöglichte eine weite Verbreitung von Lehrbüchern. Darauf konnten Luther und die anderen Reformatoren aufbauen, als sie Predigt, Gottesdienst und Kirche wieder am Worte Christi ausrichteten.

Die Kinderfragen der Böhmischen Brüder aus dem Jahre 1502 kamen 1522 deutsch heraus. Luther veröffentlichte 1520 eine »Kurze Form der Zehn Gebote, des Glaubens und des Vaterunsers«. Von größter Wichtigkeit aber wurde sein »Kleiner Katechismus« von 1529, der zu Geboten, Glaubensbekenntnis und Gebet noch Grundfragen von Taufe und Abendmahl hinzunahm. Die lutherische Reformation hat in einzelnen Reichsländern sehr viele Katechismen hervorgebracht. Luthers Katechismus mit seiner konzentrierten Form hat sie alle überlebt und verdrängt.

Auch auf Seiten der Reformierten gab es eine Vielzahl von Katechismen. Zu nennen sind der Zürcher Katechismus von 1534, der Genfer Katechismus Calvins von 1542, der Emder Katechismus von 1554, als Spätling noch der Kleine Westminster-Katechismus von 1649, vor allem aber der Heidelberger Katechismus, von dem hier näher zu berichten ist.

3. Die Kurpfalz, an Neckar und Rhein gelegen und mit der Oberpfalz in Bayern verbunden, war ein politisch bedeutendes und rei-

ches Land im Deutschen Reich. Die Reformation war sehr spät, erst 1545/46 von Kurfürst Friedrich II. eingeführt, dann aber 1548 vom Kaiser wieder unterdrückt worden. Aufgrund des Augsburger Religionsfriedens von 1555 sind Kirche und Land vom neuen Kurfürsten Ottheinrich, an den noch heute der schönste Bauabschnitt des Heidelberger Schlosses erinnert, 1556 der lutherischen Reformation angeschlossen worden. Der Kurfürst führte die von Johannes Brenz verfaßte Württembergische Kirchenordnung im Lande ein. Der Straßburger Theologe Johannes Marbach visitierte die Amtsbezirke, prüfte die Pastoren und ordnete die kirchlichen Verhältnisse im Lande. Die leitenden Männer in Kirche und Universität von Heidelberg mußten, weil geeignete Kräfte in Lande fehlten, von auswärts berufen werden. Mit ihnen kamen Parteileute der damaligen Lehrstreitigkeiten im deutschen Protestantismus ins Land. Da Ottheinrich schon 1559 starb, konnte er sein Reformationswerk nicht vollenden.

Sein Nachfolger wurde der Pfalzgraf Friedrich II. von Pfalz-Simmern, der in der Reihe der Kurfürsten Friedrich III. war. Er war am 14. Februar 1515 in Simmern geboren und wuchs in einem streng katholischen Elternhaus auf. Seine Ausbildung erhielt er an den Fürstenhöfen von Nancy und Lüttich, zuletzt am kaiserlichen Hof in Brüssel. Im Jahr 1537 heiratete er die bereits evangelisch erzogene Markgrafentochter Maria von Brandenburg-Kulmbach. Von ihr angeregt, beschäftigte er sich gründlich mit der Heiligen Schrift und kam dadurch zu einer umfassenden Bibelkenntnis und zu einem persönlichen lebendigen Glauben an Jesus Christus. Schon ein fürstlicher Zeitgenosse sagte später zu ihm: »Fritz, du bist frömmer als wir alle«. So ist er unter dem Namen Friedrich der Fromme in die Geschichte eingegangen. Friedrich führte 1557 nach dem Tod seines Vaters die Reformation in Simmern auf dem Hunsrück ein. Als er 1559 die kurpfälzischen Lande erbte, herrschten dort bei dem steckengebliebenen Reformationswerk seines Vorgängers theologische Streitigkeiten und kirchliche Unordnung.

Im Streit um das Abendmahl zwischen streng lutherischen und reformierten Vertretern, entließ der Kurfürst die Hauptgegner, als sie den angeordneten Frieden nicht bewahrten, und suchte einen von Philipp Melanchthon vorgeschlagenen Mittelweg in der Abendmahlslehre durchzusetzen, vergeblich. Eine akademische Disputation in Heidelberg im Juni 1560 überzeugte ihn vom Recht der reformierten Abendmahlsauffassung. Im Dezember 1561 ordnete er für die Weihnachtskommunion in Heidelberg den reformierten Abendmahlsbrauch des Brotbrechens statt der Verwendung von Oblaten an. Er berief statt der früheren Generalsuperintendenten einen Kirchenrat aus Theologen und kurfürstlichen Räten. Eine klare Lehrgrundlage in Kirchen und Schulen, eine erneuerte kirchliche Ordnung und ihre Einführung im ganzen Lande waren notwendig. Dazu hatte Kurpfalz gerade zwei hervorragende Kräfte gewonnen, Zacharias Ursinus und Caspar Olevianus.

4. Zacharias Ursinus wurde am 18. Juli 1534 in Breslau geboren. Sein Vater, Andreas Bär, war dort lutherischer Pastor. Nach der Gelehrtensitte der damaligen Zeit nannte der Sohn sich später lateinisch Ursinus. Seine Schulbildung erhielt er auf dem Elisabethgymnasium seiner Vaterstadt. Schon mit 16 Jahren bezog er die Universität Wittenberg zum Studium der Philosophie und der Theologie. Hier wurde Philipp Melanchthon sein wichtigster Lehrer, der ihn persönlich förderte und den Ursinus lebenslang hoch verehrte. Als Melanchthon 1557 zu einem Religionsgespräch nach Worms reiste, durfte Ursinus ihn begleiten. An dieses Gespräch schloß Ursinus mit Empfehlungen Melanchthons eine größere Studienreise in die Schweiz an. In Zürich erlebte er reformiertes Kirchenleben, in Genf lernte er Johannes Calvin persönlich kennen. Seine Reise führte ihn

zu Sprachstudien nach Frankreich, und über Süddeutschland kehrte er nach Wittenberg zurück. Er fand eine Anstellung als Lehrer am Elisabethgymnasium in Breslau, seiner früheren Schule. In der lutherischen Stadt kam er in den Verdacht reformierter Auffassung. Er rechtfertigte sich, legte aber, um Streit zu vermeiden, sein Amt nieder und begab sich nach Zürich. Dort erreichte ihn 1561 eine Berufung des Kurfürsten als Professor nach Heidelberg. 1562 siedelte er dorthin über und trat sein Amt als Professor für Dogmatik an.

Caspar Olevianus wurde am 10. August 1536 in Trier als Sohn eines Bäckermeisters und Ratsherrn geboren. Den Namen Olevianus gab er sich nach der Herkunft seiner Vorfahren aus dem Dorf Olevig bei Trier. Er besuchte Schulen seiner Vaterstadt und, kaum 14 Jahre alt, die Universität Paris zum philosophischen Grundstudium. Daran schloß er ein Studium der Rechtswissenschaft in Orléans und Bourges an, das er 1557 mit dem Doktorgrad beendete. In Bourges ist der Student evangelisch geworden und hat sich der heimlichen reformierten Gemeinde angeschlossen. 1556 erhielt sein Leben eine ganz neue Ausrichtung. In Bourges studierte ebenfalls ein Sohn des späteren Kurfürsten Friedrich III. von der Pfalz, mit dessen Hauslehrer Olevianus befreundet war. Als der Prinz bei einer Bootsfahrt ertrank, geriet Olevianus beim Rettungsversuch selbst in Lebensgefahr. In Todesnähe gelobte er Gott, er wolle, wenn er mit dem Leben davonkomme, in seiner Vaterstadt Prediger des Evangeliums werden. Nach Abschluß des Jurastudiums und einem Besuch daheim nahm er in Genf unter Johannes Calvin das Studium der Theologie auf, setzte es wegen einer Krankheit Calvins in Zürich fort. Im Frühjahr 1559, mit 25 Jahren, kehrte er nach Trier zurück und nahm eine Lehrerstelle im Dienst des Stadtrates an. Neben dem Gymnasialunterricht begann er mit öffentlichen Katechismusstunden und seit dem 10. August mit öffentlicher Predigt, die dann in der städtischen Spitalkirche ihren Ort und eine rasch wachsende Gemeinde fand. Doch der Erzbischof von Trier verbot die Predigt, belegte die widerstrebende Stadt mit einer Blockade, bis Olevianus und die Führer der jungen Gemeinde sich freiwillig in Haft begaben. Gesandte benachbarter evangelischer Fürsten unter kurpfälzischer Führung bewahrten die Trierer Protestanten vor dem Schlimmsten. Olevianus und die Seinen wurden des Landes verwiesen, über 80 Personen. Er selbst nahm eine Berufung Kurfürst Friedrichs nach Heidelberg an, 1560 als Leiter eines Studentenkonvikts, 1561 als Dogmatikprofessor an der Theologischen Fakultät, wohin ihm Ursinus folgte, 1562 als Pfarrer an Heiliggeist und leitender Theologe im Kirchenrat.

5. Arbeiten an einer neuen Kirchenordnung und an einem Katechismus für Kurpfalz, beides in reformiertem Geiste, gewannen im Jahre 1562 eine deutlichere Gestalt. Leider sind die meisten urkundlichen Nachrichten darüber in den Kriegsverwüstungen der Pfalz während des Dreißigjährigen Krieges und später verlorengegangen. Doch haben wir eine Reihe von sicheren Anhaltspunkten, aus denen man das Werden des Katechismus ersehen kann.

In der späteren Gesamtausgabe der Werke des Ursinus finden sich zwei Katechismustexte, ein ausführlicher und ein kürzerer, die nach einer Notiz des Herausgebers sich im Nachlaß des Ursinus fanden und im Jahre 1562 als Entwürfe zum Katechismus niedergeschrieben worden seien. Der kürzere Katechismus mit 108 Fragen und Antworten, den wir leider nur in lateinischer Übersetzung und nicht im deutschen Originaltext kennen, muß, weil er im Aufbau und in vielen Formulierungen dem späteren Katechismus ganz nahekommt, der eigentliche Entwurf gewesen sein. Doch ist er noch stark überarbeitet worden. Dabei sind Elemente des ausführlichen Katechismus, der wohl ursprünglich für den akademischen Unterricht bestimmt war, aufgenommen worden, ja sogar Thesen aus Ursinus Doktordisputation vom Herbst 1562.

Ebenso läßt sich feststellen, daß ältere Katechismen, reformierte wie lutherische, zu Rate gezogen und benutzt worden sind. Das wichtigste Vorbild war Calvins Genfer Katechismus, den Ursinus zusammen mit der Genfer Kirchenordnung und Liturgie selbst ins Deutsche übersetzte und 1563 in Heidelberg drucken ließ. Auch wenn Ursinus sich kürzer faßte und die Reihenfolge der Hauptstükke änderte, ist das Genfer Vorbild im Typus und in vielen Einzelheiten klar erkennbar. Die Auslegung des Vaterunsers im Heidelberger Katechismus in Gebetsform stammt zum größten Teil aus dem Genfer Kirchengebet, einer Vaterunserparaphrase. Allerdings hat Ursinus Calvins Grundzug, zur rechten Gotteserkenntnis anzuleiten, abgewandelt. Bei ihm steht die Heilsgewißheit des Gläubigen im Mittelpunkt. Deutlich schimmert in der 1. Frage des Heidelberger Katechismus Luthers Auslegung des 2. Glaubensartikels im Kleinen Katechismus durch und die Dreiteilung des Katechismus stammt offenbar aus einem Regensburger Katechismus, der 1558 in Heidelberg nachgedruckt worden war

Für die Endfassung des Katechismus war eine Kommission verantwortlich, die aus den Theologen der Heidelberger Universität und den Pastoren der Hauptstadt bestand. Beteiligt war auch der Kurfürst Friedrich in Person, der die Beigabe von Bibelstellen zum Katechismustext anordnete. Nicht länger haltbar ist die alte These, daß Olevianus ein Mitverfasser des Katechismus gewesen sei, auch nicht die jüngere Hypothese, daß die Endfassung des deutschen Textes auf ihn zurückgehe. Olevianus war ein Kommissionsmitglied unter anderen. Mit dem endgültigen Katechismus war er persönlich nicht zufrieden. Er hätte sich ihn calvinischer gewünscht. Als leitender Kirchenmann aber war er an der kirchlichen Einführung des Katechismus wesentlich beteiligt.

Im Januar 1563 wurden alle kurpfälzischen Superintendenten nach Heidelberg zu einer Konferenz einberufen. Dort wurde ihnen der fertige Katechismus vorgelegt, zur Besprechung gestellt und von allen, mit Ausnahme des Superintendenten von Ingelheim, gebilligt. Sodann wurden Grundsätze der künftigen Kirchenordnung vereinbart. Am 19. Januar 1563 unterschrieb Kurfürst Friedrich nach einer Ansprache an die Versammelten feierlich ein Einführungsedikt, das dem Katechismus im Druck als Vorwort beigegeben wurde.

Anfang März 1563 erschien das Büchlein im Druck unter dem Titel: »Katechismus oder christlicher Unterricht wie er in Kirchen und Schulen der kurfürstlichen Pfalz getrieben wird«. Darunter befindet sich das Wappen des Kurfürsten von der Pfalz, mit dem Kurhut und dem Reichsapfel. Das illustriert den regierungsamtlichen Charakter des Buches. Darunter steht das Impressum: »Gedruckt in der kurfürstlichen Stadt Heidelberg, durch Johannem Meyer. 1563.«

Noch während des Drucks muß man sich zu einer Erweiterung entschlossen haben. Die später als 80. gezählte Frage fehlt im Erstdruck. Es war Olevianus, der den Kurfürsten zu dieser Ergänzung veranlaßte, die aber ganz im Sinne Friedrichs war. So ließ er in das Exemplar des Katechismus, das er in dieser Zeit dem römischen König Maximilian II. in Augsburg von seinem Gesandten überreichen ließ, an der betreffenden Stelle ein Blatt einheften, das die Frage 80 in Kanzlistenschrift bot, allerdings ohne den letzten zusammenfassenden und verwerfenden Schlußsatz. In einem Teil der Erstauflage wurde diese Erweiterung noch eingefügt durch Neudruck eines einzelnen Druckbogens. Gleichwohl druckte man nun doch das ganze Büchlein neu, jetzt mit der vollständigen 80. Frage, und wies in einer Schlußbemerkung auf diese Erweiterung hin, bezeichnete das Fehlen in der Erstauflage aber als Versehen.

Anfang April 1563 war diese endgültige Auflage fertig. Am 3. April 1563 sandte Caspar Olevianus sie an Johannes Calvin, den

Leiter der Zürcher Kirche, zugleich mit der lateinischen Ausgabe des Katechismus. Diese war von Josua Lagus und Lambert Pithopoeus, zwei Heidelberger Schullehrern, übersetzt worden und sollte dem Lateinschulunterricht dienen. Sie enthielt den vollständigen Text, einen vermehrten Schriftbeweis mit den Verszahlen bei den Bibelstellen, die es in deutschen Bibeln noch nicht gab, und hatte bereits die Numerierung der 129 Fragen.

Die kirchliche Einführung des Katechismus wurde in den Städten der Kurpfalz mit einer Predigtreihe für die Gemeinden vorbereitet. In Heidelberg hielt Zacharias Ursinus diese Predigten. Im August 1563 beriet und verabschiedete eine neue Superintendentenkonferenz in Heidelberg die neue Kirchenordnung, deren Vorwort und Einführungsmandat der Kurfürst am 15. November 1563 unterzeichnete. Sie war maßvoll in ihren kirchlichen Änderungen. Nur die Form und gottesdienstliche Ordnung von Taufe und Abendmahl war völlig im reformierten Sinne umgestaltet. Der deutsche Katechismus ist mit einem kleinen Anhang vollständig in die Kirchenordnung aufgenommen. Er wurde in zehn Abschnitte, in Lektionen eingeteilt, die in einem Turnus von zehn Sonntagen der Gemeinde zum Beginn des Gottesdienstes vorgelesen werden sollten. Dazu kam eine weitere Einteilung zu 52 Sonntagen mit jeweils einer bis zu vier Fragen, was als Pensum für die regelmäßige Katechismuspredigt am frühen Sonntagnachmittag bestimmt war. 1564 wurden Kirchenordnung und Katechismus durch eine allgemeine Kirchenvisitation in allen Gemeinden des Landes endgültig eingeführt. Seit 1576 hat man mehrere Kurzfassungen als »Kleinen Katechismus« erarbeitet, die für Konfirmanden bestimmt waren. So ist der Katechismus, der in einer rhythmischen Prosa geschrieben ist und sich so zum Auswendiglernen eignete, bald Eigentum der Gemeinden geworden.

6. Der Katechismus hat sofort Aufmerksamkeit gefunden. Eine Reihe lutherischer Theologen hat Streitschriften gegen ihn veröffentlicht. Einige lutherische Nachbarfürsten haben mit offiziellen Schreiben, denen theologische Gutachten gegen den Katechismus beigelegt waren, und mit Gesandtschaften auf den Kurfürsten einzuwirken versucht. Kurfürst Friedrich hat in ausführlichen und gehaltvollen Briefen seine Sache vertreten, mit der Beilage von vier gelehrten Verteidigungsgutachten reformierter Theologen. Eine Mahnung des katholischen Kaisers hat er mannhaft und entschieden beantwortet. Auf alle theologischen Angriffe hat Zacharias Ursinus in einer klaren wie gründlichen Druckschrift im Namen der Heidelberger Theologen geantwortet. Auch bei einem Religionsgespräch der württembergischen und kurpfälzischen Theologen in Maulbronn im April 1564 war es Ursinus auf pfälzisch reformierter Seite, an dessen besonnener und gelehrter Argumentation sich alle Einwände totliefen.

Auf dem Reichstag von Augsburg 1566 verklagten die Herzöge von Württemberg und Pfalz-Zweibrücken Kurpfalz wegen Abweichung von der Augsburgischen Konfession. Demzufolge verlangte Kaiser Maximilian II. von Kurfürst Friedrich, die Neuordnung in seiner Landeskirche rückgängig zu machen und seinen Katechismus abzuschaffen. Andernfalls stehe er außerhalb des Religionsfriedens und verfalle der Reichsacht. Aber furchtlos legte der fromme Kurfürst, wie einst Luther 1521 in Worms, vor Kaiser und Reich das mutige Bekenntnis ab, daß er in Gewissens- und Glaubenssachen nur einen Herrn anerkenne, »der ein Herr aller Herren und ein König aller Könige ist«. »Was meinen Katechismus anbelangt, so bekenne ich mich zu demselben. Es ist auch derselbe am Rande mit Fundamenten (Gründen) der Heiligen Schrift derart armiert (bewaffnet), daß er unumstoßen bleiben soll, und wird meines Verhoffens mit Gottes Hilfe noch länger unumstoßen bleiben«.

Die Fürstenversammlung war von der Haltung des Kurfürsten tief beeindruckt. Die Mehrheit der evangelischen Stände unter Führung Kursachsens weigerte sich, ihn aus ihrer Reihe auszuschließen. Das machte den Kaiser machtlos. Doch damit war das reformierte Bekenntnis de facto auf deutschem Reichsboden geduldet.

7. Trotz aller solcher Widerstände gewann der Katechismus schnell weitere Verbreitung. Noch in seinem ersten Jahre wurde er in zwei verschiedenen niederländischen und in einer »sächsischen« (nieder- oder plattdeutschen) Übersetzung gedruckt. Die Gemeinde von niederländischen Glaubensflüchtlingen im pfälzischen Frankenthal übernahm ihn sofort als ihren eigenen Katechismus, ebenso die Kirchenordnung mit ihren Gottesdienstformularen. Das hatte zur Folge, daß auf dem Konvent aller niederländischen Flüchtlingsgemeinden in Wesel 1568 diese ihn auch für den Aufbau der Kirche im befreiten Vaterland vorsahen. Dies hat die Synode von Emden 1571 offiziell bestätigt. Seitdem ist der Heidelberger Katechismus auch der Katechismus der Niederländer. Weil in Emden auch die Reformierten des Niederrheins vertreten und beteiligt waren, ist er seit 1571 auch der rheinische reformierte Katechismus. Bei der Begründung der Bergischen Synode 1589 wurde er verpflichtend vorgeschrieben. 1567 hat sich die ungarische reformierte Kirche ihn in ungarischer Sprache als ihr gültiges Unterrichtsbuch zu eigen gemacht. Als dann seit 1578 eine größere Zahl deutscher Länder von lutherischer Ordnung zur reformierten übergingen, haben sie zumeist den Heidelberger Katechismus und die kurpfälzische Kirchenordnung übernommen. Auf Nassau-Dillenburg 1581 folgten Sayn-Wittgenstein, Solms-Braunfeld, Wied, Isenburg-Büdingen, Hanau-Münzenburg, Moers, Pfalz-Zweibrücken, Simmern und Anhalt. Auch in der Schweiz wurde er angenommen. 1609 wurde er in den Zürcher Katechismus eingearbeitet. 1615 übernahm ihn St. Gallen, 1643

Schaffhausen, im 18. Jahrhundert schließlich Bern. In Lippe-Detmold wurde er erst seit 1623 benutzt, mit der Kirchenordnung von 1684 dann aber überall verbindlich, entsprechend 1655 in Hessen-Kassel. Mit kirchlichen Verordnungen von 1713 wurde er in allen deutschreformierten Gemeinden des Brandenburgisch-preußischen Staates vorgeschrieben. Auswanderer und Missionare brachten ihn nach Nordamerika, Südafrika und Indonesien. Er ist mit der Zeit in alle europäischen und verschiedene asiatische Sprachen übersetzt worden. So wurde er der am weitesten verbreitete reformierte Katechismus, der nur am französischen und am englischen Sprachbereich seine Grenzen fand. In Ostfriesland blieb man bis ins 18. Jahrhundert beim angestammten Emder Katechismus.

Der Katechismus hat aber ein noch höheres kirchliches Ansehen gewonnen denn als praktisches Lehr- und Unterrichtsbuch. 1610 beschloß die erste reformierte Generalsynode der vereinigten Herzogtümer Jülich, Berg, Kleve und Mark in Duisburg, »daß das heilige Wort Gottes die einzige Regel und Richtschnur ihres Glaubens und ihrer Lehre sei und die Summe der in Gottes Wort gegründeten Religion im Heidelberger Katechismus wohl gefaßt und dieser Katechismus hinfort in den Schulen und Kirchen des Landes zu halten und zu treiben sei«. In den folgenden zwei Jahrhunderten wurde jeder rheinisch-westfälische Pastor beim Dienstantritt auf diesen Grundsatz verpflichtet. Die niederländische Nationalsynode von Dordrecht 1618/19, die auch von den Schweizern, mehreren deutschen und der englischen Kirche beschickt war und damit ökumenischen Charakter besaß, erklärte ihn, nachdem sie den Wortlaut verbindlich festgestellt hatte, zum einhellig gebilligten Bekenntnisbuch der reformierten Kirchen. Als die englischen Abgeordneten der Synode in ihre Heimat zurückkehrten, berichteten sie daheim: »Unsere Brüder auf dem Festlande haben ein Büchlein, dessen Blätter nicht mit Tonnen Goldes zu bezahlen sind«.

8. Der Katechismus hat in den reformierten Kirchen und in der reformierten Theologie, im Unterricht, mit Predigtauslegungen und als theologische Glaubenslehre eine reiche Geschichte gehabt. Als die Kurpfalz im Dreißigjährigen Krieg etwa 25 Jahre lang militärisch besetzt und der reformierte Gottesdienst verboten war, hat der Katechismus in den Häusern das Volk beim evangelischen Glauben erhalten. Als der Katechismus im frühen 18. Jahrhundert in seinem Heimatland und in der napoleonischen Zeit am Niederrhein wegen seiner 80. Frage verboten wurde, haben die Gemeinden zäh an ihm festgehalten. Doch in der Aufklärungszeit, als man meinte, man könne nur noch solchen Lehren der Bibel glauben, die vor der menschlichen Vernunft Bestand hätten, als der christliche Glaube auf einen allgemeinen Gottesglauben, Unsterblichkeitshoffnung der Seele und Tugendleben reduziert wurde, wurde der Katechismus als überholt angesehen. In Preußen, Ostfriesland, Lippe und Bentheim wurden neue Aufklärungskatechismen eingeführt. Aber in der Erweckungsbewegung des frühen 19. Jahrhunderts kehrte man zum biblischen Christenglauben und zum ursprünglichen Evangeliumsverständnis der Reformation zurück. Der Heidelberger Katechismus ist in diesem Zusammenhang wieder entdeckt worden, hat seine Konkurrenten verdrängt und ist zu neuer Kraftwirkung gekommen, besonders am Niederrhein, im Siegerland, in Bentheim, in Ostfriesland, in Lippe. Die Reformierten in Deutschland haben in ihm ein kostbares Erbe und einen gültigen Ausdruck ihres Glaubens schätzen und lieben gelernt. In der Zeit des Kirchenkampfes im Dritten Reich hat er sich als ein klarer Wegweiser zum rechten Verständnis des Evangeliums bewährt.

Der Heidelberger Katechismus ist kein Kinderbuch, das man nach zwei Jahren Unterricht beiseite legen könnte. Er ist ein Gemeindebuch, das in Glaubenserkenntnis und Lebensgrundsätzen dem mündigen Christen dient und, wie die Bibel, zu lebenslangem

Gebrauch bestimmt ist. Seine besondere Stärke ist sein nahes Verhältnis zur Bibel, in ganzen Wendungen und vielen Begriffen, als Zusammenfassung biblischen Glaubens und zugleich als Anleitung zum Verständnis der Bibel. Was Christusgemeinschaft (Frage 1), was christlicher Glaube (Frage 21), was evangelisches Christsein (Frage 60) ausmacht, das kann man aus ihm in klaren, klassischen und gültigen Formulierungen lernen. Die konfessionellen Besonderheiten treten zumeist gegenüber dem Grundtenor evangelischen Glaubens und Lebens zurück. Zur scharfen Grenzziehung der Frage 80 hat der Reformierte Bund für Deutschland 1976 und noch einmal 1994 eine ökumenische Erklärung abgegeben.